E.-G. HERVET

NOTRE-DAME DES ENFANTS

HISTOIRE

DE L'ÉGLISE DE CHATEAUNEUF-SUR-CHER

ET DE

L'ARCHICONFRÉRIE DE NOTRE-DAME DES ENFANTS

OUVRAGE PUBLIÉ

avec l'Approbation de S. E. le Cardinal BOYER

Archevêque de Bourges.

PARIS

ANCIENNE MAISON CHARLES DOUNIOL

PIERRE TÉQUI, LIBRAIRE-ÉDITEUR

29, rue de Tournon, 29

1896

NOTRE-DAME DES ENFANTS

E.-G. HERVET

NOTRE-DAME DES ENFANTS

HISTOIRE

DE L'ÉGLISE DE CHATEAUNEUF-SUR-CHER

ET DE

L'ARCHICONFRÉRIE DE NOTRE-DAME DES ENFANTS

OUVRAGE PUBLIÉ

avec l'Approbation de S. E. le Cardinal **BOYER**

Archevêque de Bourges.

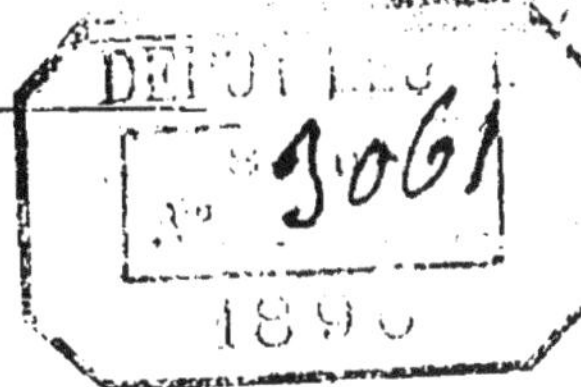

PARIS

ANCIENNE MAISON CHARLES DOUNIOL

PIERRE TÉQUI, LIBRAIRE-ÉDITEUR

29, rue de Tournon, 29

1896

ARCHEVÊCHÉ
de
BOURGES
—

APPROBATION DE L'ORDINAIRE

Après avoir fait examiner le livre intitulé Notre-Dame des Enfants *par M. G.-E. Hervet, et, sur le témoignage qui Nous a été donné que tout, dans ce livre, est conforme à la doctrine catholique, Nous sommes heureux, non seulement de pouvoir en encourager la publication, mais encore d'exprimer ici, à l'auteur, Nos félicitations et Notre reconnaissance.*

Un accent de foi pénétrante anime toute cette Œuvre; M. Hervet l'a composée con amore; *ses convictions profondes se révèlent partout.*

Cette publication est destinée à contribuer puissamment à l'extension du Culte de Notre-Dame des Enfants et de l'Archiconfrérie de ce nom, établis dans la belle église de Châteauneuf, qui compte déjà un si grand nombre d'Associés.

Nous avons aussi la douce et ferme conviction que la Bonne Mère saura témoigner, à sa manière, sa satisfaction au pieux et habile écrivain qui a su si bien parler d'Elle.

Bourges, 10 mars 1896.

✝ J.-Pierre, Cardinal BOYER,
Archevêque de Bourges.

DÉDICACE

A

S. ÉM. MGR LE CARDINAL BOYER,

ARCHEVÊQUE DE BOURGES

Monseigneur,

Daigne Votre Eminence agréer l'hommage que je Lui offre très respectueusement, et me permettre de Lui dédier cette histoire de Notre-Dame des Enfants.

Monseigneur,

Parmi tous les pieux travaux de Votre sainte carrière de Prêtre et de Prélat, Vous avez fait une grande place à ceux qui ont pour objet spécial de guider l'enfance et la jeunesse vers le bien, c'est-à-dire vers Dieu.

C'est dans l'enseignement, Monseigneur, que Votre dévouement s'est d'abord manifesté, au temps de vos débuts à Aix.

Evêque de Clermont, Vous avez créé un beau

Collège et imprimé une féconde impulsion à l'Œuvre des Ecoles.

Archevêque de Bourges, on admire ce que Vous avez déjà fait, Monseigneur, pour les Patronages, pour les écoles primaires et secondaires, pour les Séminaires, pour l'institution Sainte-Marie.

L'Archiconfrérie de Notre-Dame des Enfants, instituée dans la belle église de Châteauneuf-sur-Cher, a reçu de Votre Eminence les plus précieuses marques d'intérêt. Cette Œuvre est sans doute, en effet, deux fois bonne et sainte à vos yeux, Monseigneur, puisqu'elle a un double but : — la gloire de la Mère du Sauveur, — le développement pieux et la protection de l'enfance.

En écrivant, avec les encouragements et les conseils de M. l'abbé Horoux, directeur de cette archiconfrérie, les pages que j'ose présenter à Votre Eminence, je n'ai eu qu'un désir : contribuer dans la mesure de mes bien faibles moyens, à l'extension de cette Œuvre de Notre-Dame des Enfants, qui a mérité Votre haute approbation, Monseigneur, et obtenu Vos bénédictions.

Je suis avec un profond respect,

Monseigneur,

De Votre Éminence,

Le très humble et très dévoué serviteur.

G.-E. H.

HOMMAGE

A NOTRE-DAME DES ENFANTS

Vous, dont la blanche étoile éclaire les espaces
Comme un phare qui brille indique un port lointain !
O Vous, qui protégez du rempart de vos grâces
    Notre sort incertain,

C'est Vous au fond des cœurs qui semez l'espérance,
Sur la mère et l'enfant, Vous étendez la main :
Vous donnez le courage et calmez la souffrance
    Dans tout le genre humain.

Or, pour avoir vos dons et votre paix profonde,
Pour obtenir de Vous de porter sans plier
Le fardeau des douleurs, ou des succès du monde,
    Il ne faut que prier.

Aussi cet humble livre est-il une prière.
Il est fait simplement, Mère, pour Vous bénir,
Et proclamer qu'en Vous est la pure lumière
    Et le seul avenir.

Il est fait pour ceux-là qui déjà Vous implorent,
Afin, Vous connaissant, qu'ils Vous connaissent mieux.
Mais de plus il est fait pour ceux qui Vous ignorent :
    Il leur parle des Cieux.

Il cherche à les conduire à vos pieds, tendre Mère
Qui prodiguez à tous votre protection,
Il veut détourner d'eux la fatale chimère
    De la négation.

Donc, Mère de mon Dieu, Vierge sainte, ô Marie,
Déposant avec foi nos vœux à vos genoux,
Ce livre est une voix confiante qui crie :
    — Mère, protégez-nous !

SONNET AUX ENFANTS

Chers enfants, vous dont l'existence
Est douloureuse, — et vous aussi
Qui ne savez point la souffrance,
Chers enfants, — écoutez ceci :

Le vieux serpent du mal s'avance,
Semant partout mort et souci.
Enfants, vous êtes l'espérance,
Dans cet avenir obscurci.

Vous pouvez relever le monde,
Et votre œuvre sera féconde,
Et Dieu sur vos fronts triomphants

Mettra la couronne immortelle,
Si vous vivez sous la tutelle
De Notre-Dame des Enfants.

NOTRE-DAME DES ENFANTS

CHAPITRE PREMIER

L'ancienne église de Chateauneuf-sur-Cher.

Le but que nous nous proposons en écrivant ces pages est de faire connaître davantage une grande Œuvre, et aussi de montrer que la création de cette Œuvre est une des preuves les plus manifestes de la miséricorde divine pour les peuples chrétiens en général et spécialement pour notre pays de France.

C'est précisément au moment où des attaques allaient être dirigées contre l'enfance, que la Sainte Vierge a étendu sur les jeunes têtes qu'un nouveau danger menaçait ses mains protectrices chargées de grâces.

L'orage n'apparaissait pas encore, et il n'était point question jusque-là d'entreprises inquiétantes contre l'âme des prochaines générations, quand inopinément, — en 1865, — un doux appel s'est fait entendre.

C'était « Notre-Dame des Enfants » qui se révélait au monde.

Elle veillait, tandis que nous dormions pour la plupart dans une sécurité trompeuse. Elle voyait, à l'infaillible lumière de sa céleste vigilance et de sa bonté infinie, les nuages noirs qui se condensaient sur la terre, et les intentions néfastes dont les sectes libres-penseuses préparaient, avec une opiniâtreté méthodique, la réalisation.

C'est alors que commença, conformément à l'inspiration de la Mère du Sauveur, l'édification de la belle église de Châteauneuf-sur-Cher. La sainte Vierge voulut que la bonne nouvelle de cet événement se répandît au loin, car ce n'était pas une simple entreprise locale, et l'intérêt de toute l'enfance chrétienne, française et étrangère, y était engagé. Dès le début, les cœurs pieux et fidèles reconnurent, comme on le verra tout à l'heure, la voix de Marie.

Sans doute, ce n'était point sans dessein que la sainte Vierge faisait élection de Châteauneuf pour y établir une Œuvre de bénédiction et de salut. Le choix de ce pays devait par lui-même frapper l'attention, parce qu'il attestait véritablement l'intervention céleste.

Il faut savoir d'abord si Châteauneuf avait
des titres particuliers à la faveur exceptionnelle qui lui était accordée.

Lorsque les hommes veulent fonder un de
leurs établissements, ils ont soin de le placer
en un lieu présentant par lui-même les conditions les plus favorables et offrant les meilleures chances de succès. S'ils veulent
s'adresser à la foule, ils s'installent où la foule
se trouve.

La sagesse céleste n'est assurément pas
enfermée dans un cercle semblable. L'esprit de
Dieu souffle où il veut : il peut aller aux foules ; il peut aussi les appeler à lui. Il est avec
les grands de ce monde, et il est avec les petits.
S'il lui convient d'exalter les humbles et de
répandre sur les pauvres les trésors de ses
grâces, c'est sa toute-puissance qu'il manifeste
de cette façon.

Châteauneuf-sur-Cher est un chef-lieu de
canton dont le chiffre de population flotte
aux environs de trois mille. Les petites villes
ne sont pas plus dédaignées de Dieu que les
vastes cités : n'est-ce pas dans une bourgade
que Jésus a voulu naître?

Il y a toutefois à dire qu'au point de vue de l'éclat religieux Châteauneuf n'occupait pas, avant l'époque actuelle, un poste brillant. Son état à cet égard fut pendant longtemps médiocre et lamentable ; comme nous l'indiquerons tout à l'heure, c'était la conséquence de l'insuffisance de l'église qui existait avant celle que l'on admire aujourd'hui.

Mais il importe de noter qu'il y avait à Châteauneuf une dévotion toute spéciale pour la sainte Vierge. Les origines de cette dévotion se perdent dans les profondeurs du passé chrétien : de très longue date, elle semble traditionnelle, et l'on peut dire qu'elle est dans le sang de la population. De touchants récits qui, de génération en génération, sont arrivés jusqu'à nos jours, montrent les aïeux des habitants actuels se tournant avec foi vers la Vierge Marie dans toutes les circonstances graves, et l'implorant aux heures périlleuses ou troublées de leur existence. Ces pieux souvenirs sont gravés dans la mémoire du peuple ; ils sont aussi consignés dans des documents écrits, et constituent la partie la plus précieuse de l'ancien patrimoine local.

Quand, en 1183, les habitants parvinrent à se débarrasser des « Routiers » après dix jours de souffrance et de combat, la tradition prétend que la victoire fut remportée par la protection de Marie invoquée avec ferveur ; l'histoire écrite ajoute que ceux des nôtres qui périrent dans ces troubles laissèrent une mémoire vénérée, et que la croyance se répandit que des miracles s'accomplissaient par leur intervention.

C'est en priant la sainte Vierge que les habitants de Châteauneuf combattirent, en 1569, et vainquirent, comme nous allons le voir bientôt, les huguenots dont l'hérésie précisément était en hostilité directe avec la piété envers la Mère du Sauveur.

Plusieurs fois la sainte Vierge fut suppliée d'écarter des fléaux et des épidémies. Châteauneuf l'invoqua notamment lorsque la peste ravagea le pays, en 1654, et c'est en témoignage de gratitude pour la protection de Marie en cette occasion terrible, que fut érigée la croix de pierre qui subsiste encore, au nord de la ville haute, plus loin que le cimetière.

Ainsi Châteauneuf a toujours honoré, servi et prié la sainte Vierge. N'est-il pas permis de penser que c'est là une des causes principales qui ont valu à cette petite ville d'être élue entre toutes, le jour où « Notre-Dame des Enfants » voulut avoir un sanctuaire?

Voici, très brièvement résumés, les antécédents historiques de l'Œuvre religieuse qui fait le sujet de notre travail.

Le nouveau château fort, le château neuf qui a donné son nom au pays, fut construit par les vicomtes de Bourges, au commencement du onzième siècle, sur l'emplacement d'une ancienne citadelle dont le souvenir s'est perdu. Le lieu était celui où se trouve le château actuel. Une agglomération se forma rapidement auprès du nouveau château fort. Il y eut une église; elle était sous l'invocation de saint Eloi.

Cette église fut le siège de la première paroisse de Châteauneuf. Elle s'élevait sur le territoire occupé maintenant par le parc. De vieilles chartes font connaître qu'elle était déjà en ruines au milieu du quinzième siècle. Ses débris toutefois ont été conservés jusqu'au début de notre siècle. De là proviennent, dit-on, plusieurs chapiteaux qui ornent encore la cour d'honneur du château. Ces vestiges autorisent à penser que l'église Saint-Eloi était un monument du onzième siècle non dépourvu d'importance.

De Saint-Eloi, le caractère de paroisse fut porté à l'église de Saint-Pierre et Saint-Paul, comme l'atteste un acte de 1452 (1). Cette église était à l'origine le sanctuaire d'un Prieuré de l'Ordre de Saint-Benoît. Elle devint, étant paroisse, le siège d'un canonicat. L'emplacement primitif était approximativement celui de l'église actuelle.

L'état de choses qui vient d'être indiqué dura un peu plus de cent ans. Il prit fin au temps néfaste des prédications protestantes.

Le douloureux résultat de l'introduction du protestantisme en France a été de jeter le trouble dans les consciences en même temps que la révolte dans certains esprits, d'entraver l'épanouissement du travail national, de retarder le mouvement artistique et de permettre à la Renaissance italienne de précéder de cinquante ans la Renaissance française, de livrer la patrie de nos aïeux aux plus cruelles et aux plus acharnées des guerres civiles, et de couvrir enfin le territoire de ruines et de sang. Nos provinces du Centre ont eu beaucoup à pleurer sur ces épreuves.

Lorsque les protestants eurent perdu la

(1) Cet acte est conservé aux *Archives du Chapitre de Châteauneuf.*

bataille de Moncontour, dans le Haut-Poitou, le 3 octobre 1569, leurs troupes désorganisées se répandirent dans le Berry. Un de leurs principaux chefs, Gornay, après avoir ravagé Argenton, entra par surprise à Déols. Comme il était dans cette position, il apprit que M. de la Châtre, qui occupait le Berry pour les catholiques, se disposait à l'aller déloger. Les protestants étaient en force dans la région de Sancerre et de la Charité-sur-Loire. Gornay envoya de Déols demander des secours à la Charité.

Les protestants charitois expédièrent les renforts réclamés, sous la conduite d'un chef du nom de Guerchy. Celui-ci, tendant vers Déols, franchit sans obstacle la partie orientale de la province, mais quand il se présenta devant Châteauneuf, il rencontra une résistance inattendue.

Il n'y avait pas en ce moment de garnison dans la forteresse. Cependant les habitants osèrent entreprendre de défendre la traversée du Cher. Telle fut leur vaillance, qu'ils arrêtèrent l'ennemi et le tinrent en échec. Malheureusement ils ne surent pas se garder pendant la nuit. Les protestants les surprirent à la faveur des ténèbres, et, reprenant l'avantage, se rendirent maîtres de la citadelle, après avoir tué beaucoup de catholiques. Au nombre de nos morts étaient sept ou huit femmes et environ trente prêtres qui, ayant été chassés des contrées désolées par les huguenots, avaient cherché un refuge à Châteauneuf.

Les protestants mirent une garnison dans le château fort, sous le commandement d'un de leurs capitaines appelé La Baudrie. Puis Guerchy s'éloigna avec le surplus des forces de son parti, poussant vers Déols.

Quel fut maintenant le premier soin de La Baudrie?

Ce fut, hélas! de supprimer l'église Saint-Pierre, la seule que possédât Châteauneuf. Il la saccagea et la pilla. Elle fut, par son ordre, complètement démolie; il n'en resta pas pierre sur pierre.

On n'a pas d'indices sur le dessin de cet édifice disparu. Il est néanmoins permis de supposer qu'il n'était pas sans valeur, car les moines qui le construisirent étaient de remarquables artistes.

Ayant assouvi sa haine contre notre religion en détruisant l'église, La Baudrie se mit à rançonner et à ravager tout le pays.

Mais ses déprédations furent bientôt arrêtées dans leur cours.

Les catholiques de Châteauneuf reçurent des renforts, et, dès novembre 1569, moins d'un mois après leur disgrâce, ils parvinrent, au bout de deux jours de combats acharnés et d'efforts héroïques, à reprendre la forteresse.

Presque tous les calvinistes périrent en soutenant ce siège. Ce fut la rigoureuse revanche des sanglantes cruautés commises par eux pendant les semaines précédentes. Douloureux souvenirs d'une époque bien sinistre !

Si maintenant les catholiques rentraient en possession de la place de Châteauneuf, il leur restait l'affliction de n'avoir plus d'église. On vient de voir que la Maison de Dieu avait été la première victime des protestants.

Il fallait donc la reconstruire.

Les moyens en furent cherchés aussitôt que le calme se rétablit un peu. Ce calme malheureusement était loin d'être complet. L'écho des bruits de la guerre se faisait encore entendre. L'incertitude planait sur les esprits. A tous égards, les ressources ne pouvaient être que précaires.

Une église nouvelle s'éleva sur les ruines de celle qui venait d'être renversée ; mais elle fut aussi simple que possible, médiocre même.

Il est évident que nos ancêtres de cette période inquiète ne croyaient bâtir qu'un édifice provisoire : c'était pour satisfaire à bref délai aux besoins du culte; ils gardaient l'espoir d'avoir plus tard, lorsque les temps seraient moins durs, bientôt peut-être, un autre monument, plus beau, mieux en rapport avec sa sainte destination.

Cette église, improvisée à la suite de la catastrophe sacrilège de 1569, était mise, comme sa devancière, sous l'invocation de saint Pierre. Elle fut consacrée, le 6 avril 1588, par Mgr Renauld, archevêque de Bourges, comme l'atteste une inscription écrite en latin sur une feuille de parchemin qui fut déposée dans la construction de l'autel et que nous traduisons ainsi :

« En l'année du Seigneur 1588, le sixième jour du mois d'avril, Je, Renauld, archevêque de Bourges, Patriarche d'Aquitaine, ai consacré cette église et l'autel en l'honneur de saint Pierre, et enfermé dans ledit autel des reliques de saint Clément, saint Jacques et saint Symphorien. » *Signé :* RENAULD, archev.

Lorsque l'édification de l'église actuelle né-

9 782016 178539

cessita, en 1872, la destruction de cet autel, M. le curé doyen Ducros rédigea un procès-verbal dont nous reproduisons ici le texte :

« L'an mil huit cent soixante-douze, le dix octobre, je soussigné, doyen, curé de Château-neuf-sur-Cher, certifie ce qui suit :

« Obligés de faire démolir le maître-autel de l'église de Châteauneuf par suite de la construction de la nouvelle église, nous avons trouvé, dans la boiserie de cet autel, un autel en pierre d'un seul bloc. Cet autel était autre-fois adossé au mur, et avait été apporté en avant du sanctuaire par M. Salley, mon prédé-cesseur : il avait par conséquent perdu sa consécration. J'ai cependant soupçonné qu'il pourrait encore renfermer des reliques, et en examinant au milieu, j'ai aperçu du ciment rouge. J'ai enlevé le ciment, et j'ai sorti de l'excavation pratiquée dans la pierre un sachet en toile blanche lié avec un fil qui a disparu sous mes doigts, en poussière. Le linge, grand et double comme celui d'une pale, était assez conservé. Je l'ai ouvert ; il renfermait des reli-ques, et cette inscription sur un parchemin :

« *Anno Domini 1588, mensis aprilis die sexta, ego Reginaldus, archiep : Bituricensis, Patriarcha Aquitaniæ, consecravi hanc Eccle-*

siam et Altare in honorem Sancti Petri, et reli-
quias Sancti Clementis, Jacobi et Symphoriani
in eo inclusi. — † REGINALDUS, Archiep.

« Cette ouverture, je l'ai faite en présence
de M. l'abbé Carmignon, mon vicaire, et de
frère Hariolf, directeur des écoles de Châteauneuf.

« Les trois reliques étaient séparées.

« Celles de saint Clément, composées de cinq
parcelles d'os, assez grosses, étaient enfermées
dans du parchemin où se trouve une inscription
assez illisible, en écriture gothique ; j'ai cependant pu y lire ces mots : *Reliquiæ Sancti Clementis Papæ, primi...*

« Celles de saint Jacques le Majeur, consistant
aussi en cinq parcelles d'os, enfermées dans un
morceau de soie jaune, et ayant cette inscription sur un petit parchemin : *Reliquiæ Sancti
Jacobi majoris.*

« Celles de saint Symphorien, enfermées et
cousues dans un morceau de soie violette, avec
cette inscription sur un parchemin : *Ex ossibus
sancti Symphoriani martyris.*

« Cette inscription et cette date de la consécration de l'église de Châteauneuf sont parfaitement en rapport avec un document que j'ai
trouvé dans un vieux registre, où il était dit

que l'église de Châteauneuf et le château de Châteauneuf avaient été incendiés en 1570, dans une guerre, et que l'église, rétablie comme on la voit aujourd'hui, avait été reconsacrée dix-huit ans après. » *Signé :* Ducros, curé de Châteauneuf.

Les documents que nous avons consultés nous autorisent à croire que c'est en 1569, et non en 1570, que les huguenots détruisirent la première église ; cette différence de date est sans importance. Il est du reste acquis et démontré que l'église qui fut établie immédiatement après a bien été consacrée en 1588.

Ceux qui bâtirent cette église de 1588, procédèrent de la façon suivante :

Ils construisirent, parallèlement au mur d'enceinte de la forteresse, un autre pan de muraille, sur une longueur égale à celle qu'ils voulaient donner à l'édifice. Sur ces deux murailles, ils jetèrent de longues poutres de chêne, coupées dans les immenses forêts voisines. Chaque extrémité de ce vaste hangar fut close par un pignon formé d'une maçonnerie banale. Le tout était surmonté d'une toiture en tuiles.

Deux portes d'inégale grandeur furent percées dans le pignon occidental. Le pignon orien-

L'ANCIENNE ÉGLISE.

tal eut deux hautes fenêtres. Quatre ou cinq fenêtres furent en outre pratiquées dans la muraille nouvellement construite, celle qui était à droite en entrant, et dont quelques contreforts augmentèrent la solidité. De ce même côté, et dans le coin du pignon servant de façade, se logea un clocher à base carrée, avec un toit en poivrière très élancé.

Une telle construction était loin d'être monumentale; le temps manquait pour faire mieux, comme on l'a dit, et sans doute aussi, les moyens faisaient défaut : c'était un simple abri en attendant un édifice; c'était en un mot une église provisoire. Mais le provisoire dure parfois longtemps; les circonstances firent qu'à Châteauneuf, il subsista pendant près de trois siècles.

Ainsi le voulut le ciel, qui avait ses desseins.

Sans nous arrêter longuement sur la pensée de cette vieille et si triste église que remplace aujourd'hui une superbe basilique, il convient pourtant d'en dire encore quelques mots rapides, afin de marquer la grandeur de la transformation qui s'est accomplie par la grâce de la sainte Vierge, sous son inspiration et suivant sa volonté.

L'aspect intérieur était celui d'une grange trop étendue. L'agencement et le mobilier révélaient seuls un saint temple, et rarement le Seigneur a été logé aussi misérablement.

A droite, en entrant, s'apercevaient les fonts baptismaux, dans un coin sombre, derrière une lamentable clôture à claire-voie. Plus loin, toujours à main droite, et en avant de l'espace réservé pour le chœur, une ouverture désignait une sorte de cabinet où était installée la chapelle de la sainte Vierge. En face de cette chapelle se trouvait, à une certaine hauteur, une tribune pratiquée en profondeur dans la muraille de gauche, pour la famille châtelaine.

Le maître-autel, appuyé au centre du pignon oriental, était en bois peint. Il affectait la forme tumulaire, qui fut longtemps usitée. Au-dessus se voyait un tableau où un artiste inconnu avait représenté, dans la profonde nuit de la Passion, saint Pierre, le patron de la paroisse, écoutant avec stupeur l'avertissement du coq et se souvenant alors de la parole du Maître.

De chaque côté étaient dressés deux petits autels d'une simplicité excessive.

Le chœur, exhaussé d'un degré, se délimitait par une grille de bois teintée en gris. Des « hauts-bancs », formés de planches sans aucun ornement, l'encadraient. Les hommes les plus notables de la paroisse y avaient leurs places.

Quatre rangs de bancs fermés occupaient l'espace compris entre le chœur et l'entrée de l'église. Un grand crucifix en plâtre peint faisait face à une chaire qui était l'ouvrage de quelque menuisier totalement étranger aux règles de l'art.

Incontestablement il suffit à la prière d'être humble et sincère. Qu'on soit agenouillé, pour la faire, sur une pierre grossière ou sur un meuble de velours, elle monte également jusqu'au trône du Tout-Puissant.

Il est impossible pourtant de pénétrer dans une église indigente et négligée sans éprouver un chagrin qui est presque de la honte. Si peu de prix que puissent avoir les plus belles basiliques du monde en comparaison de l'éternelle splendeur des cieux dont elles ne sont que l'ombre bien lointaine, elles ont cependant pour elles d'être tout ce que l'homme peut offrir de moins imparfait à son Créateur et à son Père. Comment n'eût-on point songé, en entrant dans la vieille église de Châteauneuf, qu'elle n'était pas conforme à sa haute destination, et qu'elle semblait témoigner d'une pénible indifférence?

D'ailleurs, elle tombait en ruines.

Si de tout temps elle avait été médiocre et pauvre, elle ne conservait même plus sa première solidité.

La toiture occasionnait, il y a quarante ans, de justes appréhensions. Les poutres qui la devaient soutenir fléchissaient en plusieurs points, et il avait fallu recourir à des étançons fixés par des bandages de fer pour maintenir la charpente en place.

La muraille de gauche, encastrée dans la colline, se salpêtrait ; elle laissait apercevoir des ondulations inquiétantes sous la poussée des terrains.

On se demandait si une catastrophe prochaine n'était pas à redouter.

CHAPITRE II

Un prêtre sur qui le ciel avait de mystérieux desseins, et dont la Vierge Marie voulait se servir pour l'établissement d'une œuvre de bénédiction, M. Jacques-Marie Ducros, fut nommé en 1861, curé doyen de Châteauneuf-sur-Cher.

Lorsqu'il vit pour la première fois son église, cette pauvre église dont il vient d'être parlé, il ne put pas se défendre d'une bien douloureuse émotion : comment ce délabrement n'eût-il pas été pour lui un sujet de tristesse?

A ce sentiment se mêlait forcément une pensée d'inquiétude, puisque l'édifice semblait près de tomber, et qu'au lieu d'orner les murailles il s'agissait de les reconstruire. Il y avait là une nécessité qui s'imposait. La sécurité même du public était en cause. Le nouveau doyen le comprit bien vite.

Mais il n'avait à sa disposition aucunes ressources, aucuns moyens humains. La question de la reconstruction de l'église prit donc d'abord en lui la forme d'un pieux désir plutôt que d'une réelle espérance. Il ne pouvait penser, dans son humilité, qu'une si belle tâche lui fût réservée. Comme il était porté à la méditation plutôt qu'à l'action, une grande entreprise était moins pour l'attirer que pour l'effrayer; il n'y était pas mieux préparé par ses travaux antérieurs que par son caractère.

M. Jacques-Marie Ducros est né à Néris le 22 octobre 1815. Cette localité, située dans le département de l'Allier, faisait alors partie du diocèse de Bourges dont la configuration fut ensuite modifiée en 1822.

M. Ducros avait deux oncles qui étaient prêtres. L'un d'eux était curé de Tournon-Saint-Martin, dans l'Indre ; cet oncle l'appela près de lui, et le fit entrer au Petit Séminaire de Saint-Gaultier. M. Jacques Ducros eut un frère moins âgé que lui de plusieurs années, qui fut prêtre également. Il appartenait donc à une famille qui méritait que les faveurs du ciel descendissent abondamment sur elle.

M. L'ABBÉ DUCROS.

Après son ordination, M. l'abbé Jacques Ducros passa à Bourges ses premières années de prêtrise. Il possédait le goût de la musique sacrée et était doué d'une belle voix : ces mérites lui avaient valu d'être choisi pour la direction de la maîtrise de la cathédrale. Il y avait à former cet établissement et à le mettre dans la voie où on l'a vu briller par la suite. M. Ducros avait toutes les aptitudes nécessaires pour donner une impulsion heureuse aux études religieuses, musicales et autres, des jeunes enfants confiés à ses soins. Il manquait par contre de l'expérience et des dispositions spéciales qu'exige la conduite des intérêts matériels d'une maison, et l'autorité diocésaine voulut bien le délivrer d'un fardeau administratif qui lui était pénible, en le relevant du poste de directeur de la maîtrise.

Nommé à la cure de Mers, dans l'Indre, il s'y fit apprécier et aimer de ses paroissiens, servant Dieu avec un zèle récompensé par de touchants succès. Il demeura à Mers jusqu'en 1861, c'est-à-dire jusqu'au temps de sa nomination de curé doyen de Châteauneuf.

Il fut accueilli à Châteauneuf avec une sympathie respectueuse. Mais, ainsi que nous l'avons dit, il se trouva dès son arrivée, en face d'une situation féconde en tristesse et laissant prévoir des embarras prochains. Comment donner au culte l'éclat désirable, dans une église aussi médiocre que celle dont il prenait possession? Il fit à ce point de vue tout ce qui était possible. Mais ce n'était pas seulement la pauvreté de l'édifice qu'il fallait considérer.

Si l'on avait oublié trop longtemps que l'église était à reconstruire, l'heure était venue de reconnaître qu'à force de s'accumuler sur ce toit chétif, les années lui devenaient d'un poids insupportable. On aurait voulu continuer à se faire illusion, car, la vieille église une fois condamnée, on ne voyait pas comment on la remplacerait. Voilà pourquoi l'on prolongeait au delà des limites prudentes sa lamentable existence. Pourtant les symptômes sinistres se multipliaient. L'inquiétude gagnait la population. Il devenait urgent de renoncer à l'ancien édifice.

Où donc trouver assez d'argent, ô mon Dieu! pour vous construire une nouvelle demeure?

M. le curé Ducros, dans cet embarras extrême, ne pouvait que s'agenouiller et prier.

Les principaux de la ville, M. le duc de Maillé, M. Bidon, et tant d'autres, associaient, avec leurs familles, leurs prières à celles du cher et pieux doyen. Ils avaient la foi comme lui. Ils songeaient que la foi, qui, suivant la parole évangélique, peut transporter les montagnes, doit être assez forte pour bâtir une église. Cela veut dire que l'aide du Ciel ne fait point défaut à qui l'implore avec ardeur et confiance pour une sainte cause : Voilà ce que croyait fermement M. le curé Ducros ; voilà ce que ses bons paroissiens croyaient avec lui.

Il fallait cependant, pour mériter l'aide du ciel, que l'on s'aidât soi-même. Car la Providence, voulant que les enfants des hommes sachent conquérir par leurs propres mérites sa toute-puissante assistance, leur a donné des forces intellectuelles et physiques, afin qu'ils agissent, se réservant, lorsque son infaillible sagesse le juge opportun, de bénir et de féconder leurs efforts.

Pendant longtemps, autour du cher doyen, se réunirent donc les principaux du pays. Ils s'efforcaient, en échangeant leurs idées et en multipliant les combinaisons, de [mériter l'appui d'en haut.

Comme base d'opération, l'ouverture d'une

souscription fut proposée. M. le duc de Maillé offrait 30,000 francs, — comme premier don, — car il contribua pour beaucoup plus à l'œuvre. D'autres, moins riches, étaient disposés à faire des dons plus modestes.

Le maire M. J.-F.-H. Hervet apportait la bonne volonté d'une administration toute dévouée aux saines et saintes choses, car le pouvoir n'était pas aux mains des ennemis de la religion.

Mais hélas! la souscription que les fidèles de Châteauneuf voulaient faire entre eux serait-elle suffisante? On ne pouvait pas l'espérer. On avait beau escompter les efforts et les dévoue-ments, il était facile de voir qu'on n'arriverait jamais qu'à une somme relativement minime; par conséquent, et quoiqu'on ne rêvât point alors un monument somptueux, il n'était que trop certain qu'on n'aboutirait pas.

Comment donc faire?

M. le curé continuait avec une inébranlable confiance à solliciter le ciel.

A la prière et à la foi, qui sont les armes par excellence, il fallait ajouter l'action : M. l'abbé Jacques Ducros le pourrait-il?

Voici ce que nous lisons à son sujet, dans une note écrite par un digne prêtre, qui a vécu plusieurs années auprès de lui et qui fut l'un de ses coopérateurs dévoués :

« M. l'abbé Ducros, curé doyen de Châteauneuf, était un homme intelligent, fort pieux et très prudent.

« Il était d'une bonté et d'une condescendance à toute épreuve. Doux et humble de cœur, il savait souffrir sans se plaindre les plus perfides procédés. En un mot, c'était le type d'un saint prêtre. Mais ce n'était pas l'homme de la vie active et de l'entrain. Sa nature semblait rebelle à toute entreprise extraordinaire. L'œuvre réalisée à Châteauneuf, est en dehors de toute proportion avec l'activité d'esprit de celui qui fut choisi pour l'accomplir. Dans le principe, il comptait faire lentement : la sainte Vierge fit vite. Il voulait faire médiocre : la sainte Vierge fit grand. Ce n'était pas lui qui poussait l'œuvre : c'était l'œuvre qui le poussait.

« C'est qu'il fallait que tout le monde pût penser : *Le doigt de Dieu est là!*

« Il fallait aussi que l'élu désigné pour accomplir les desseins d'en haut et servir d'instrument à la volonté céleste, eût assez de vertu et d'humilité pour s'écrier : *Non mihi, Domine, sed nomini tuo da gloriam!* »

M. l'abbé Ducros mit lui-même sa joie pieuse à le proclamer, à le confesser : les grandes choses qu'il lui fut donné de faire lui ont été suggérées par le Souverain Maître et par la sainte Vierge.

CHAPITRE III

LES DÉBUTS DE L'ŒUVRE DE NOTRE-DAME DES ENFANTS.

Depuis longtemps, M. l'abbé Ducros songeait à ce qui se passait à Graçay. Le curé de cette paroisse du Cher, M. l'abbé Gimonet, avait eu l'idée, pour faire face aux dépenses de réédification de son église, d'étendre le cercle de ses demandes au delà des limites du diocèse, et cette tentative avait réussi. Impressionné par un exemple si encourageant, M. Ducros se disait donc souvent : — Pourquoi ne nous adresserions-nous pas également aux chrétiens éloignés, aux fidèles qui nous sont inconnus?

Les hésitations inhérentes à son tempérament, l'avaient jusque-là arrêté.

Mais un souffle mystérieux passa sur lui ; et ses appréhensions se trouvèrent dissipées ?

On était en 1865.

A partir de cette époque, M. l'abbé Ducros se sentit fort de la sainte impulsion du ciel. Assuré désormais de vaincre les difficultés et les obstacles, il ne craignit plus de les affronter, car il comptait, non sur ses propres forces, mais sur l'aide de Dieu.

De la sorte, il s'inspirait précisément de la pensée supérieure qui, trente ans plus tard, devait être magistralement formulée dans ces belles paroles par le grand Pape Léon XIII :

« Celui qui, dans sa Providence, nous a donné l'idée d'entreprendre, nous donnera certainement, dans sa bonté, les forces et les ressources nécessaires pour achever. C'est là justement ce que Nous lui demandons de nos plus instantes prières, et Nous engageons les fidèles à adresser au ciel les mêmes vœux (1). »

Ainsi, plein de confiance, M. l'abbé Ducros ouvrit la campagne : une lettre circulaire, signée de son nom et datée de Châteauneuf-sur-Cher, fut répandue par ses soins dans la France entière. Cette lettre, rédigée et lancée avec l'approbation archiépiscopale, en 1865, est la première assise sur laquelle repose

---

(1) Encyclique *Christi nomen*, de N. T. S. P. Léon XIII pour l'encouragement et la recommandation de l'Œuvre de la Propagation de la Foi, du 24 décembre 1894.

l'Œuvre sainte de Notre-Dame des Enfants.

La Vierge Marie, en effet, avait suggéré à
M. l'abbé Ducros de s'adresser aux enfants. Et
que leur demandait-il?

Il leur demandait *deux sous,* pour l'aider à
rebâtir son église, leur promettant en récompense de prier la sainte Vierge pour eux.

Une quête, la plus modeste des quêtes se
résumant en ceci : deux sous demandés en
aumône aux enfants, — voilà donc le début,
bien simple et bien humble, de l'entreprise qui
fut si hautement bénie.

Combien juste et vraie est l'observation du
prêtre que nous citions tout à l'heure : « Il
fallait que tout le monde pût penser que le
doigt de Dieu était là! »

CHAPITRE IV

Parmi les lettres, si nombreuses et si bonnes, que provoqua l'appel de M. l'abbé Ducros, il s'en rencontra une qui contenait ces lignes :

« Vous nous annoncez dans votre circulaire, Monsieur le Curé, que le nouveau sanctuaire que vous élèverez sera dédié à *Notre-Dame des Enfants*. Quel beau nom! La sainte Vierge, invoquée sous ce nouveau titre, se plaira à combler l'enfance des grâces les plus abondantes : combien nous en sommes joyeuses!... »

Qui donc écrivait cela?

Qui donc glorifiait en termes si émus la Vierge protectrice, et la désignait sous le « nouveau titre » de « Notre-Dame des Enfants »!

C'était une simple petite fille.

C'était une douce écolière, sachant bien prier, et rêvant au ciel.

M. Ducros, plus tard, sur son lit de mort, disait que l'enfant avait ajouté : « Et vous, vous réussirez dans votre entreprise au delà de vos espérances ! » Sainte prédiction, admirablement réalisée.

La lettre était datée de Semur-en-Brionnais. Elle avait pour auteur une enfant de dix ans, qui ne connaissait sans doute encore que sa ville natale du département de Saône-et-Loire, qui jamais peut-être n'avait entendu parler de Châteauneuf-sur-Cher, et qui dans tous les cas ignorait certainement qu'il fût question d'y construire une église.

Et voilà qu'elle a aperçu à la lueur de sa jeune confiance cette église future, et qu'elle annonce que ce sera un sanctuaire dédié à « Notre-Dame des Enfants » !

Qui le lui a dit ? Qui le lui a révélé ?

Qui lui a appris et dicté ce nom que personne n'a prononcé devant elle, et qu'elle n'a vu écrit nulle part, ce nom auquel nul n'avait encore pensé, le nom de « Notre-Dame des Enfants » ?

Quand elle écrit ce nom, elle en est la première surprise ; elle l'admire ; une exclamation sort de son cœur : « Quel beau nom ! » fait-elle.

En lisant la lettre de la petite fille, M. Ducros s'écrie, surpris et heureux :

« Cette idée n'avait point été émise dans ma circulaire, elle ne s'était même pas offerte à mon esprit (1). »

M. Ducros n'avait encore, aux jours de sa circulaire, qu'une seule préoccupation, qui était de reconstruire son église paroissiale. Il n'ambitionnait rien de plus.

Le vaste et saint projet indiqué dans la lettre de la petite fille, fut donc pour lui toute une révélation.

Et alors, il n'était pas possible qu'il ne songeât pas que si l'heureuse petite fille avait tenu la plume, c'était sûrement la sainte Vierge qui avait dicté les mots.

Un détail intéressant est à relater ici. L'enfant qui trouva dans sa piété et dans un contact inconscient avec la volonté céleste le beau nom de « Notre-Dame des Enfants », eut par surcroît une autre inspiration. Sa lettre terminée, ce n'est pas au curé doyen de Châteauneuf, quoiqu'il fût le destinataire, qu'elle l'envoya ; mais, par une erreur qui n'a pu être expliquée

(1) Mémoire pour la Confrérie de Notre-Dame des Enfants, 1869, p. 6.

et où il est peut-être permis de voir encore une intervention providentielle, c'est sur l'archevêché de Bourges que la lettre fut dirigée.

De la sorte, le premier pasteur du diocèse fut averti, d'abord et avant tout le monde, que l'église qui allait s'élever à Châteauneuf serait consacrée à « Notre-Dame des Enfants », et que telle était la décision céleste.

CHAPITRE V

L'OEuvre de Notre-Dame des Enfants est toute remplie de merveilles. A chaque page, à chaque instant, on y reconnaît le doigt de la sainte Vierge.

Les précédents chapitres ont déjà établi, d'abord, que c'est Marie qui inspira l'idée première, ensuite que c'est elle encore qui dicta le titre et le nom sous lesquels elle voulait être priée à Châteauneuf. Mais ce n'était pas assez. Elle a pris soin de prodiguer les plus précieux encouragements dès les premières années, pour donner confiance, et, comme gage des grâces qu'elle avait résolu de répandre sur l'enfance, elle n'a point tardé à se manifester par des succès visibles : comment en effet expliquer autrement que par une intervention céleste, cette pieuse poussée qui se produisit de toutes parts à l'appel de M. Ducros, et cette abondance d'adhésions qui affluèrent au presbytère?

Nous nous reportons ici à un Mémoire publié en 1869, par le vénéré curé doyen; celui-ci, en relatant les événements qui se déroulaient autour de lui, est pris d'une admiration sainte et d'une grande espérance, et il écrit les lignes que voici :

« Cette réunion de circonstances si singulières et uniques dans la correspondance si nombreuse nécessitée pour la reconstruction de mon église, me parut un avertissement du Ciel. Je me demandai si la Vierge miséricordieuse ne voulait pas se servir encore une fois de la voix des enfants pour nous manifester sa volonté ; si son désir n'était pas de me voir fonder dans cette église dont le point de départ a été l'aumône des enfants, une association ayant pour but de placer sous sa tutelle, dès leur entrée en ce monde, ceux dont son fils adorable a dit : *Laissez venir à moi les petits enfants.* »

Pénétré de cette pensée, M. l'abbé Ducros la confia à des prêtres graves et expérimentés. Tous l'encouragèrent, tous l'assurèrent que cette dévotion serait bénie et qu'elle s'étendrait bien au delà des limites du diocèse de Bourges.

Et le digne curé doyen ajoute que les considérations en faveur de la dévotion spéciale qui se fondait, furent soumises à Mgr l'archevêque de Bourges.

Sa Grandeur, « après un long et mûr examen, érigea canoniquement dans l'église de Châteauneuf la Confrérie de Notre-Dame des Enfants, au mois de mars 1866. »

En créant cette association, il fallait en préciser le but afin de mieux faire comprendre son importance. Ce but, suivant les termes du Mémoire, était :

« 1° De placer tous les enfants chrétiens, dès le premier moment de leur baptême, sous la protection spéciale de Marie, afin qu'elle soit leur Mère et leur Souveraine, qu'elle garde leur innocence et les aide à mener une vie pieuse dès le commencement.

« 2° D'accoutumer les enfants à prier pour eux-mêmes, pour leurs parents, pour la sainte Eglise, et de former entre tous les enfants chrétiens une union de prières agréables à Dieu et puissante contre les desseins pervers de l'ennemi des âmes.

« **3°** D'imprimer dans l'âme des enfants, dès le premier usage de la raison, une vraie dévotion envers la Mère de Dieu, un profond respect et un amour filial pour elle, et une confiance sans bornes en sa bonté.

« **4°** De préparer les enfants à faire leur première communion avec un cœur pur, une vive ferveur et la résolution bien arrêtée de servir Dieu fidèlement jusqu'à la mort.

« **5°** De prémunir, dès le premier âge, l'âme des enfants contre les suites d'un enseignement scolaire trop souvent nul sous le rapport religieux, en leur inspirant de bonne heure une foi profonde aux vérités catholiques, l'amour de l'Eglise, le respect pour les personnes et les choses sacrées.

« **6°** Enfin, le but de cette association est de former les enfants à toutes les saintes pratiques de la religion, d'aider à leur donner d'heureuses habitudes et à les tenir en garde contre les périls sans nombre dont leur jeunesse sera environnée ; de leur faire aimer de bonne heure les œuvres catholiques, comme le Denier de Saint-Pierre, la Propagation de la Foi, la Sainte-Enfance, les Ecoles d'Orient, etc. Son but est de préparer les jeunes garçons à faire partie plus tard de ces belles associations si propres à les soutenir dans le monde, les associations de Saint-Vincent de Paul, de Saint-François Xavier, etc., etc. ; de préparer les jeunes filles à entrer, elles aussi, dans quelques-unes de ces pieuses réunions établies partout pour conserver la vertu de l'âge mûr et lui donner les moyens d'étendre son action religieuse sur les âmes. »

Telle était donc l'admirable impulsion imprimée à l'Œuvre par l'intervention de Marie, que, dès l'origine, cette Œuvre mérita la confiance de l'autorité ecclésiastique, et, comme il vient d'être dit, fut érigée en Confrérie, ce qui l'accréditait officiellement pour le diocèse tout entier.

Ce premier pas était décisif.

Il importait maintenant, conformément aux prévisions des dévoués de la première heure, que l'action bienfaisante de la protection de la Vierge sur les enfants s'étendît à d'autres diocèses et rayonnât au loin. C'est ce qui ne devait point tarder à se produire.

M. Ducros ne manqua pas de faire part à l'Episcopat français de l'institution de la Confrérie.

Bientôt il eut la joie de voir sa pieuse entreprise approuvée et bénie par de nombreux Prélats ; il a lui-même publié les lettres et notes envoyées par : Mgr le cardinal-archevêque de Bordeaux et Mgr le cardinal-archevêque de Besancon ; NN. SS. les archevêques de Cambrai et d'Albi ; NN. SS. les évêques de Pamiers, Saint-Claude, Mende, Fréjus, Carcassonne, Autun, Arras, Nevers, Rodez, Nantes, Nîmes, Valence, Orléans, Nancy, Montpellier, Saint-Brieuc et Tréguier, Périgueux, Vannes, Châlons-sur-Marne, etc., etc.

Quoi de plus magnifique que de tels encouragements, si hauts, si autorisés ! Ils suffisaient amplement à assurer le développement de l'Œuvre, et M. Ducros, dont les espérances étaient dépassées, se félicitait de les avoir reçus : il en remerciait la sainte Vierge.

Mais la sainte Vierge voulut plus encore : Il lui convenait que son Œuvre fût mise sous les auspices même du chef suprême de l'Eglise.

En effet, S. S. le Pape Pie IX, dont la grande dévotion à Marie a laissé des traces si profondes, daigna donner un Bref en faveur de la Confrérie de Châteauneuf ; dans ce document, daté du 5 avril 1867, le Saint-Père « reconnaissait, dit le Mémoire, les fruits de piété et de charité que portait déjà l'association de Notre-Dame des Enfants, espérait qu'elle en porterait plus tard de plus abondants, et lui attribuait de précieuses indulgences pour contribuer à son accroissement. »

Le saint désir du Pontife devait être accompli, et l'association était destinée à s'accroître avec rapidité.

Mgr l'archevêque de Bourges ne négligeait rien, pour sa part, en vue du relief, de l'éclat et de la prospérité de la Confrérie naissante. « Trois fois (de 1866 à 1869), il est venu à Châteauneuf, écrivait M. Ducros, et a pris la parole pour féliciter les habitants d'une institution si pleine d'espérances pour la jeunesse chrétienne, pour en souhaiter au loin l'extension. Il a montré les fruits qu'elle était appelée à produire dans l'âme des enfants, les joies qu'elle réservait à l'Eglise, les consolations qu'elle préparait aux familles. »

Fortifiée ainsi et portée en quelque sorte par le souffle des chefs de l'Eglise, la Confrérie croissait et se multipliait avec une rapidité merveilleuse.

N'ayant encore que trois ans en 1869, elle comptait déjà cent mille associés: beaucoup étaient de France et d'Algérie; il y en avait d'Italie, de Belgique, de divers autres pays ; il y en avait de Palestine.

Chaque jour venaient des noms nouveaux.

Et les lettres qui, à tous les courriers, apportaient ces nouveaux noms au presbytère de Châteauneuf, racontaient la joie des mères et des pères mettant leurs chers enfants sous la protection de Notre-Dame ; elles disaient la satisfaction des écoles dirigées par de bons maîtres et de bonnes maîtresses ; elles exprimaient la confiance de beaucoup de prêtres qui entrevoyaient dans la Confrérie un puissant secours à leurs efforts pour le bien des paroisses confiées à leurs soins.

Une Œuvre n'est pas faite pour s'immobiliser dans le succès. Si elle prospère, elle doit tendre à prospérer davantage, car il y a toujours des bienfaits à répandre, toujours des âmes à conquérir, et les obligations s'étendent à mesure que les moyens d'action deviennent plus puissants.

C'est ce que M. Ducros se disait, quand il lisait chaque matin les excellentes lettres venant de tous les pays.

C'est à cela qu'il songeait quand il présidait la fête de l'Association, — une fête qui, à peine instituée, était admirable.

Et alors, au milieu de ces heureuses pensées et devant ce beau spectacle, le vénéré curé doyen croyait entendre une voix céleste lui jeter ce commandement supérieur : — En avant!...

[illegible]
[illegible]
[illegible]
[illegible]
[illegible]

CHAPITRE VI

LA FONDATION DES DEUX FÊTES DE NOTRE-DAME
DES ENFANTS.

Une fête de Notre-Dame des Enfants fut instituée dès l'origine. Voici sur ce sujet ce que M. l'abbé Ducros écrivait, à la fin de l'été de 1869 :

« Au mois de février 1868, une procession eut lieu dans la ville ; ce fut un jour de sainte joie pour tout le monde, la population entière se leva comme un seul homme, et, pour répondre au désir des habitants, il fallut établir une fête spéciale pour le pèlerinage, vers l'automne. Pour la première fois, cette fête compta environ six mille personnes venues de cinq ou six lieues, sur la simple annonce des curés. Les mères semblaient heureuses de consacrer leurs enfants à Marie ; les pères, même les moins religieux, ne témoignaient pas moins de zèle. Ce jour-là, Châteauneuf fut transformé en une ville de Marie ; les rues étaient décorées, les maisons enguirlandées. Le soir, il y eut une illumination générale. C'était de l'enthousiasme comme jamais il n'y en avait eu, et l'on se disait : — Ce n'est que le commencement.

« Dans les paroisses voisines, l'on se promettait de revenir l'an prochain en plus grand nombre. Ce pèlerinage fut l'occasion de confessions des enfants, de communions des grandes personnes. J'ai lieu d'espérer que bientôt nulle mère ne voudra conduire son enfant au pèlerinage de Marie sans s'y préparer par une communion.

« En 1869, environ huit mille personnes prenaient part à la fête du pèlerinage ; les communions étaient plus nombreuses, l'enthousiasme plus grand, et mes prévisions allaient se réalisant de la façon la plus consolante. »

Ces lignes attestent l'empressement que les populations mirent dès le début à se rendre aux fêtes de Notre-Dame des Enfants. Elles indiquent aussi qu'il fut institué deux fêtes pour chaque année.

Le digne M. Ducros n'avait d'abord songé à créer qu'une seule fête. Il la fixa au **2 février**, en l'honneur de la Présentation de Jésus-Christ au Temple de Jérusalem et de la Purification. Ce fut la « Fête patronale ». Elle est célébrée tous les ans, à la même date, depuis l'origine de l'Œuvre.

Les *Annales de Notre-Dame des Enfants* ont do nné de la fête du **2 février 1870**, un compte rendu où nous lisons :

« Notre fête du **2 février** a été l'objet des préoccupations et de la sollicitude de tous **nos** petits associés répandus sur tous les points. Que de lettres ne nous ont-ils pas adressées ! c'étaient des recommandations à faire, des actes de consécration à déposer aux pieds de leur mère, des expressions de vifs regrets de ne pouvoir venir prendre part à notre solennité. Tous au moins voulaient s'unir de cœur à leurs associés de Châteauneuf, faire eux aussi leur fête, disant que Notre-Dame de Châteauneuf les verrait et les bénirait de loin. Grand nombre de curés nous ont demandé quelles cérémonies nous ferions ici afin de les reproduire dans leur église.

« Combien nous avons été édifiés, touchés de cet élan spontané et général !... L'Œuvre de

Notre-Dame des Enfants est comprise des âmes sérieuses et réfléchies...

« Notre fête a été célébrée ici avec la même pompe, le même enthousiasme que dans les années précédentes. Notre-Dame des Enfants est trop chère aux habitants de Châteauneuf, pour que leur zèle et leur piété puissent se ralentir. Les jeunes associés avaient retrempé leur âme dans le sacrement de pénitence ; ceux et celles qui avaient fait leur première communion ont été heureux de s'asseoir à la table sainte dans ce beau jour. Les communions ont été nombreuses, à la grande consolation du pasteur, à la grande édification de tous. La grand'messe, célébrée pour tous les associés et toutes les recommandations faites, a été accompagnée de toute la pompe possible et entendue par une foule compacte. Des personnes étrangères à la localité avaient pu se rendre à cette solennité, les Frères des écoles chrétiennes, résidant à Dun-le-Roi et à Lignières, étaient venus représenter les enfants confiés à leurs soins auprès de Notre-Dame des Enfants ; c'était un spectacle attendrissant que la joie douce, l'émotion et le recueillement de toute l'assemblée.

« Nos enfants, dans toute leur parure de fête,

semblaient heureux et priaient de tout leur cœur. La cérémonie du soir devait avoir lieu à sept heures et demie; dès lors, il devenait impossible d'y amener ou d'y apporter les tout petits enfants; cependant ne devaient-ils pas, eux aussi, avoir leur part à la fête et pouvoir tendre à leur manière leurs petites mains vers Notre-Dame des Enfants? Qui sait si leurs anges ne leur font pas bégayer des prières que nous ne comprenons pas, et qui valent mieux que les nôtres! Toutes les mères se sont donc empressées, vers trois heures après midi, d'apporter leurs chers petits aux pieds du trône de leur Mère qui est dans les cieux; là, plusieurs hymnes à Marie ont été chantées avec âme, puis le pasteur a donné la bénédiction à cette phalange angélique qu'il a baptisée et qu'il aime, parce qu'elle est aimée de Dieu. Dans son intention, sa bénédiction s'étendait sur tous les petits enfants de loin associés à ceux de Châteauneuf.

« La cérémonie du soir a été magnifique. Le trône de Notre-Dame des Enfants avait été décoré avec goût; une illumination splendide avait été préparée autour de la statue devenue si chère à tous. Les petits garçons étaient groupés dans leurs plus beaux habits de fête, les petites filles, presque toutes vêtues de blanc, formaient comme un essaim de cœurs purs et rivalisaient avec les anges autour de leur Mère commune. Bientôt l'église devient comble ; le pasteur, du haut de la chaire, développe le compte rendu de l'association, présente ses rapides progrès, le zèle et la confiance qu'elle inspire partout, expose les grands avantages qui doivent en découler, exprime aux pères et aux mères la joie qui doit les saisir en contemplant leurs chers enfants agenouillés aux pieds de Marie, la priant avec confiance pour eux et pour leurs bien-aimés parents ; c'étaient des paroles de cœur, et tous en ont été profondément émus.

« Alors s'est développée la procession dans l'intérieur de l'église ; les garçons ouvraient la marche, ayant à leur tête leur belle bannière bleue de Notre-Dame des Enfants ; venaient ensuite les filles, précédées aussi de leur bannière blanche ornée de riches broderies d'or (ce travail remarquable est dû aux trappistines de Lyon) ; à la suite de ce cortège attendrissant, venait la gracieuse statue de Notre-Dame des Enfants, portée par de jeunes filles et entourée d'une garde d'honneur que formaient des garçons, tenant à la main des oriflammes de couleurs variées. Les chants alternés par le chœur et les enfants étaient d'un effet saisissant. Ce touchant spectacle a fait couler plus d'une larme.

« De retour au trône de Notre-Dame des Enfants où étincelaient alors mille lumières, formant diverses figures, la cérémonie s'est terminée par le salut du très saint Sacrement. Les enfants ont fait les frais des chants et ont exécuté divers motets avec un ensemble peu ordinaire à leur âge... »

Telle était donc la Fête du 2 février, dès 1870, à l'origine de l'Œuvre qui n'avait encore que quatre années d'existence. N'y avait-il pas là de magnifiques promesses? Un quart de siècle nous sépare maintenant de ces premières manifestations, et rien n'a pu entraver la marche toujours ascendante de la sainte entreprise.

Mais, comme M. l'abbé Ducros l'a exposé lui-même, la nécessité d'une seconde fête ne tarda pas à se manifester.

Quel que fût l'empressement d'un grand nombre à se rendre à la Fête du 2 février, beaucoup remontrèrent au vénéré doyen que les rigueurs de la saison d'hiver présentaient des obstacles souvent difficiles à affronter pour les familles éloignées de Châteauneuf : comment par exemple imposer un long voyage aux petits enfants, lorsque les journées sont courtes et quand peut-être la neige couvre la terre ?

Ce sont ces considérations qui déterminèrent l'institution d'une seconde solennité. D'abord, il y eut des hésitations sur le choix de la date.

Cette fête fut célébrée pour la première fois en 1868, le second dimanche d'octobre. Elle fut très brillante. Une procession eut lieu dans la ville ; des enfants y portèrent une croix en bois d'olivier du jardin de Gethsémani, envoyée par les élèves des écoles catholiques de Jérusalem et de Bethléem, et contenant de précieuses reliques des Lieux saints.

Plus tard, la Fête dont il s'agit fut fixée d'une façon régulière et permanente, au dimanche qui suit l'octave de l'Assomption : c'est à cette date qu'elle est maintenant célébrée tóus les ans, sous le nom de « Fête du pèlerinage ».

CHAPITRE VII

Le désir de fixer matériellement par la sculpture la grande idée de l'Œuvre de Notre-Dame des Enfants, date du début même de cette Œuvre, — comme l'institution des Fêtes, dont il vient d'être parlé, — comme la création des « Annales », dont il sera parlé plus loin.

Quand M. Ducros, après sa première circulaire, médita sur la lettre si extraordinaire de la jeune fille de Semur, montrant en quelque sorte la voie tracée par la sainte Vierge elle-même, le vénéré doyen se sentait véritablement agité par l'esprit fondateur qui se révélait en lui. Il ne songea plus dès lors qu'aux moyens d'étendre sa pieuse propagande.

Il aspirait, s'adressant aux parents et aux

petits enfants, à leur faire toucher du doigt les témoignages de la bonté de Marie; il voulait que tous fussent admis à voir de leurs yeux ce qu'il voyait lui-même avec les yeux de la foi, que la Vierge sainte est la sûre protectrice et le guide infaillible : c'était en lui une sainte obsession d'apôtre.

Il alla trouver un sculpteur de profession dont le talent ne lui était point inconnu. Il lui exposa, au point de vue d'une statue à établir, d'un groupe à composer, les inspirations qui le travaillaient. Le sculpteur l'écouta attentivement : il s'efforçait de bien saisir le programme qui lui était proposé, et peut-être crut-il d'abord se l'être assimilé. Il devait compter dans tous les cas sur son expérience d'artiste, pour la production d'un ouvrage répondant plus ou moins parfaitement à la donnée fournie. Cependant des semaines et des mois s'écoulèrent sans que ce sculpteur pût montrer, sinon un groupe définitif, du moins un projet, une maquette, un simple dessin.

Lassé d'attendre, M. Ducros prit un autre parti.

Un mouleur, appelé M. Caussé, était depuis peu à Bourges. Il ne se bornait pas au moulage, mais il avait fait certaines études d'art, et semblait en état de tirer quelque parti de la terre à modeler. A tout événement, M. l'abbé Ducros pria M. Caussé de venir à Châteauneuf, et il lui expliqua ses idées.

On eût dit que le groupe était sculpté d'avance, dans la tête dè M. Ducros. Le respectable prêtre voyait mentalement, parmi les méditations de sa piété, la Vierge debout au milieu des enfants. Il se la représentait belle, mais d'une beauté douce et bonne, qui attire, qui inspire des sentiments de confiance autant que de profond respect. Elle lui apparaissait, dans son imagination apostolique, comme étant de haute taille, en signe matériel et visible de sa puissance. Il l'admirait, vêtue d'une longue robe à plis droits, avec un manteau majestueux, et portant une couronne de souveraine.

Ce qui le préoccupait, c'était surtout la pose des bras, qu'il concevait à demi étendus, avec un geste marquant et fixant la pensée dominante.

Dans l'ancien presbytère de Châteauneuf, près de la vieille église, la première chambre à droite du couloir fut livrée au sculpteur. S'étant enfermé dans cet atelier improvisé, M. Caussé se mit à l'œuvre avec courage, muni de la volonté de réussir, et porté pour ainsi dire par la confiance de M. Ducros.

Le groupe qu'il parvint à modeler était bien dans le sentiment et donnait sincèrement l'impression demandée. Il représentait simplement, en quelque sorte, un acte de foi.

Mais il s'agissait d'exprimer l'idée de protection, de la rendre apparente dans la statue : c'était le point capital, en même temps que c'était le point délicat ; un grand artiste même n'eût pas réussi aisément.

Cependant il importait de résoudre ce problème. Il y avait nécessité, obligation rigoureuse.

Car toute la pensée était là. L'Œuvre de Notre-Dame des Enfants, qui débutait et dont le sens précis était à fixer, devait se refléter dans le groupe, avec son idée fondamentale.

Autrement l'ouvrage de sculpture, toute considération de valeur artistique mise de côté, n'aurait pas répondu au but poursuivi.

Ce qui était réclamé, ce que demandait M. Ducros, c'était donc une personnification de Notre-Dame des Enfants.

Or, Notre-Dame des Enfants, est-ce la sainte Vierge bénissant le monde ? Non, ce n'est pas cela.

Est-ce la Souveraine des cieux dictant

NOTRE-DAME DES ENFANTS.

des ordres à la terre? C'est autre chose encore.

Notre-Dame des Enfants, c'est la Mère de Dieu se faisant par le cœur la mère des fils et des filles de la race humaine, les prenant sous sa garde, les couvrant de sa protection.

Voilà ce que le groupe dans son ensemble devait faire comprendre. Voilà ce que surtout la statue principale était tenue d'indiquer nettement.

Sur ce point, M. Ducros se montra étonnamment difficile. Ayant son idéal en lui, il en exigeait la réalisation. Un à peu près ne le pouvait satisfaire. Il s'exprimait sur ce sujet, suivant le récit d'un digne prêtre qui était alors son vicaire, « avec une vivacité qui ne lui était pas habituelle ».

Que n'était-il lui même sculpteur! Comme il eût admirablement interprété cette merveilleuse Notre-Dame des Enfants, qui se révélait à son âme pieuse! Avec quelle exactitude respectueuse il eût rendu le geste de maternelle protection de son modèle idéal!

Enfin c'est lui qui dicta en quelque sorte le mouvement des deux bras et la position des deux mains. Il fit recommencer plusieurs fois et retoucher cette partie de l'ouvrage, jusqu'à ce qu'il y trouvât la ressemblance de la figure qu'il avait en lui : à ce moment seulement il déclara le groupe terminé et définitif.

Lorsque vint, dans la seconde quinzaine du mois d'août 1869, la fête du pèlerinage, la statue était prête.

Mgr de la Tour d'Auvergne, qui occupait le siège archiépiscopal de Bourges, voulut bien venir à Châteauneuf pour présider la solennité, et accomplir deux cérémonies d'une importance capitale : la bénédiction de la statue de Notre-Dame des Enfants, et la bénédiction, dont il sera parlé plus loin, de la première pierre de la nouvelle église.

« A 10 heures, avant la grand'messe, disent les *Annales* dans leur numéro de septembre 1869, Monseigneur a procédé à une cérémonie touchante. Depuis longtemps, la paroisse attendait la belle statue en pierre destinée à remplacer la statue provisoire de la Confrérie. L'exécution confiée à un artiste de Bourges, M. Caussé, déjà avantageusement connu pour ses sujets religieux, a répondu aux vœux de la population ; les hommes de l'art eux-mêmes ont loué cet important travail, le sentiment religieux qu'il respire, la douce majesté de la Reine du ciel étendant ses mains sur un groupe d'enfants placés à ses pieds et abrités jusque sous les plis de son manteau royal. En contemplant cette jeune famille recueillie dans la paix, l'amour et l'innocence auprès de Marie, on se rappelle instinctivement cette miséricordieuse parole tombée du haut de la croix : *Voilà votre Mère*. Puis en élevant les yeux sur cette femme incomparable dans les annales du monde et du ciel, sur cette femme dont le nom éveille le souvenir de toutes les saintes sollicitudes, de toutes les saintes tendresses, en la voyant si empreinte de bonté, on s'écrie comme naturellement : « C'est bien elle, c'est bien la mère de celui qui a dit : *Laissez venir à moi les petits enfants, et ne les empêchez pas ;* la mère qui a veillé sur le berceau de Jésus, la mère qui l'a offert au temple de Jérusalem, la mère qui le garantit des souffrances de l'exil, la mère donnée à la grande famille chrétienne au jour du Calvaire : « O femme, voilà vos enfants. »

Glorifiant cette statue, destinée, comme l'OEuvre qu'elle représente, à faire monter au Ciel les hommages, non pas seulement d'une paroisse, mais de toutes les paroisses du diocèse, et même du monde entier, les *Annales* ajoutent :

« Le temps viendra, nous en avons l'espérance, où de toutes les contrées de l'univers catholique on demandera à s'unir à nous et à placer sous le puissant patronage de Notre-Dame des Enfants cette jeune génération dont le présent et l'avenir sont l'objet de tant de craintes, hélas! trop fondées. Les progrès de notre œuvre nous permettent cette confiance, et les pieuses splendeurs de cette belle fête du pèlerinage l'affermissent en nous. »

Nous avons à noter ici un fait considérable.

Moins de deux années après la bénédiction de la statue de Notre-Dame des Enfants par Mgr de la Tour d'Auvergne, et pendant les grands malheurs qui s'abattirent sur la France à la suite de l'invasion allemande, un incendie, dont la cause est demeurée inconnue, dévora une grande partie du palais archiépiscopal de Bourges; on eut à déplorer d'irréparables pertes archéologiques, historiques et littéraires.

Mgr de la Tour d'Auvergne travaillait à cette époque à une Histoire des conciles. Déjà des fragments de l'ouvrage avaient paru dans la *Semaine* et dans une *Revue*. Le manuscrit fut malheureusement détruit par le feu, qui n'épargna rien dans le cabinet de travail de Sa Grandeur : les meubles, les livres, les papiers, les objets de toute nature disparurent dans le désastre.

Le curé doyen de Châteauneuf avait offert en hommage à Mgr de la Tour d'Auvergne une reproduction en plâtre de la statue de Notre-Dame des Enfants. Sa Grandeur, qui avait éprouvé une joie si vive à bénir la statue, avait placé cette reproduction sur son bureau, aimant à l'avoir sans cesse sous les yeux.

L'incendie terminé et le feu éteint, l'émotion de Mgr de la Tour d'Auvergne fut extrême, quand il vit, en pénétrant dans son bureau dévasté, sa statue de Notre-Dame des Enfants.

L'élément destructeur avait tout fait disparaître, excepté cette statue. Seule, elle fut épargnée. Et l'image de la Vierge, intacte au milieu des ruines, dominait les amoncellements de cendres et de débris, toujours souriante, toujours étendant sa sainte protection sur les enfants groupés à ses pieds.

[illegible]
[illegible]
[illegible]
[illegible]
[illegible]
[illegible]
[illegible]
[illegible]
[illegible]
[illegible]
[illegible]
[illegible]
[illegible]
[illegible]

CHAPITRE VIII

LES « ANNALES DE NOTRE-DAME DES ENFANTS ». — LES
COLLABORATEURS ET COOPÉRATEURS DE M. DUCROS.

A peine née, l'OEuvre de Notre-Dame des
Enfants était donc érigée en confrérie ; les deux
fêtes annuelles étaient instituées ; la statue qui
fixe matériellement l'idée de la Vierge protectrice était composée.

Ainsi les actes se multipliaient promptement.

Pour en répandre la connaissance et en per-
pétuer le souvenir, la nécessité d'un organe
spécial se fit bien vite sentir. Alors furent
fondées les *Annales* de Notre-Dame des Enfants.

Cette publication a été commencée en **1868**.
Elle paraît chaque mois, en brochure, et constitue maintenant une collection aussi intéres-

sante qu'édifiante, où sont relatés, dans leur ordre chronologique, tous les événements relatifs à l'Œuvre.

Un groupe de pieux et zélés travailleurs se forma rapidement autour de M. Ducros, soit pour collaborer aux *Annales*, soit pour coopérer à l'organisation et au fonctionnement de toutes choses.

En tête des ouvriers de la première heure se place M. Berthaumier.

Originaire de Châteauneuf, M. l'abbé Berthaumier était curé doyen de Levet, à l'époque où commença la dévotion à Notre-Dame des Enfants. C'était un homme d'action. Doué d'une constitution robuste, peut-être ne ménageait-il pas assez ses forces ; il consacrait assidûment au travail intellectuel les heures de la journée qui n'étaient pas prises par son ministère sacerdotal, et lorsque les journées n'étaient pas assez longues à son gré, quand il était pressé par quelque travail entrepris, il ne craignait point de passer une grande partie de ses nuits devant son écritoire. Il a laissé plusieurs livres estimés (1). Il a consacré les

(1) M. l'abbé Berthaumier a traduit pour l'éditeur Vivès, la totalité des écrits de saint Bonaventure et divers autres

sommes, d'ailleurs peu considérables, que ses travaux littéraires lui rapportèrent, à restaurer son église de Levet et aussi celle de Lissay.

Remarquablement équilibré, M. Berthaumier était de ceux qui se délassent d'un labeur par un autre. Ce fut longtemps sans fatigue apparente qu'il mena de front ses études personnelles et l'administration de sa paroisse, portant en toutes choses une ardeur charmante, abondant en paroles entrainantes, aimant la controverse qu'il animait par sa vivacité de repartie et qu'il égayait par son esprit souvent incisif mais toujours bienveillant.

On ne pouvait pas supposer, lorsqu'on le rencontrait sur la jolie route qui relie Levet à Châteauneuf, qu'il se surmenait, et qu'il travaillait à ce point pour le bon Dieu que sa tâche en serait prématurément terminée. Sur sa figure se reflétait une intarissable bonne humeur. Il avait un franc sourire pour tous les passants qu'il rencontrait; pour beaucoup, il avait un mot gracieux ou une phrase aimable.

livres; il a donné une Compilation de la *Traditio Eucharistica;* on lui doit une vie de saint Bernardin de Sienne et une vie de saint François d'Assise. Il a collaboré à plusieurs journaux religieux, spécialement au *Rosier de Marie.*

Il s'attacha vivement, et dès le commencement, à l'idée de la reconstruction de l'église
de Châteauneuf; c'était pour lui, ainsi que
pour l'élite de ses compatriotes de sa génération, un rêve d'enfance et comme une aspira-
tion innée.

Sa piété à la sainte Vierge vint encore sti-
muler son zèle pour cette construction, à partir
du moment où il fut décidé que la nouvelle
église serait un sanctuaire dédié à la Mère de
Jésus. Il y eut donc chez lui un touchant
enthousiasme; il le montra en s'efforçant
d'activer les études préliminaires : il voulait
qu'on se hâtât de déterminer l'emplacement et
de commencer les travaux : c'était comme s'il
eût craint qu'on ne laissât échapper une bonne
fortune fugitive.

Bientôt il se prodigua d'une manière plus
apparente à l'Œuvre, en se mettant au service
des *Annales* de Notre-Dame des Enfants; il
contribua tout particulièrement aux premiers
succès de cette publication.

Le principal collaborateur aux *Annales*, pendant la période des premières années, fut,
après M. l'abbé Berthaumier, M. l'abbé La-
mamy, qui était à cette époque curé d'Arçay.

M. Ducros avait alors pour vicaire à Châteauneuf, M. l'abbé Bernet, qui se **dévoua** également à l'Œuvre de Notre-Dame des Enfants. Devenu curé de Lunery, à quelques kilomètres de Châteauneuf, M. Bernet continua à donner son concours le plus zélé à la pieuse association. Quand il mourut, frappé dans la force de l'âge, en 1877, M. Ducros en éprouva un chagrin aussi profond que justifié. La *Semaine religieuse du Berry* a publié, sous la signature de M. l'abbé Chaput, la nécrologie de l'abbé Pierre-Jules Bernet; l'auteur de cette touchante notice fait connaître que le regretté défunt naquit à Bengy-sur-Craon en 1835, puis, après avoir raconté son enfance et ses jeunes années de prêtrise, il ajoute :

« Pourtant tout ce que nous venons de **dire** ne suffisait pas encore au zèle du bon curé de Lunery. Pendant son vicariat de Châteauneuf, M. l'abbé Ducros, son excellent curé, avait deviné tout ce qu'il y avait de ressources dans cette nature si bien douée. Aussi, à peine l'autorité diocésaine eut-elle placé providentiellement l'abbé Bernet dans ses parages, qu'il vit tout le parti qu'il pouvait tirer de son puissant auxiliaire pour ses deux magnifiques créations. »

Et M. Chaput, montrant la réunion des efforts de M. Ducros et de son collaborateur M. Bernet pour le succès de ces « deux magnifiques créations », l'Œuvre de Notre-Dame des Enfants et l'église de Châteauneuf, résume ainsi sa pensée :

« Il nous serait impossible de dire ici tout ce que ces deux cœurs et ces deux intelligences qui avaient si bien su se comprendre, ont fait pour amener les choses à l'état prospère où nous les voyons. Que de fatigues, que de veilles, que de correspondances, que de voyages n'a-t-il pas fallu, tant pour obtenir près de quatre cent mille francs qui ont déjà été dépensés pour l'église, que pour la rédaction des *Annales* et l'extension d'une Archiconfrérie qui ne date pourtant que d'hier et qui compte déjà ses associés par milliers dans les deux mondes!...

« Aussi, le jour des obsèques du si regretté curé de Lunery et après la messe chantée par M. le curé de Bengy, M. l'abbé Ducros, les pleurs dans la voix et dans les yeux, exprimait-il bien, avec l'éloquence du cœur, au milieu d'environ vingt prêtres réunis et d'un nombreux concours de fidèles, toute la grandeur de la perte que venait de faire la paroisse de Lunery.

L'attitude attristée de ses auditeurs répondait à l'orateur que ses sentiments trouvaient un écho dans le cœur de tous ceux qui l'entendaient. »

Mais M. l'abbé Bernet se survit à lui-même, dans l'OEuvre qu'il a tant aimée et si bien servie.

C'est lui qui a écrit les pieuses paroles du cantique de Notre-Dame des Enfants.

L'auteur de la musique de ce même cantique est M. l'abbé Bernoin. Jamais mélodie plus limpide, plus charmante et mieux appropriée au sujet, ne retentit sous les voûtes d'une église. Le cantique de Notre-Dame des Enfants figure en bon rang parmi les chants religieux populaires; il est connu, aimé et chanté au loin. M. Bernoin, en composant ce gracieux motif, ne s'est pas seulement montré artiste distingué, mais il a en même temps fourni à l'OEuvre la collaboration la plus large et la plus féconde.

M. Bernoin a d'ailleurs collaboré ainsi aux *Annales* et à tous les travaux de l'association, à l'époque où il était vicaire de Châteauneuf. Devenu par la suite curé doyen de Dun-le-Roi, il est demeuré aussi dévoué qu'autrefois à

Notre-Dame des Enfants. Comme il fut un des témoins de la construction de l'église, ses souvenirs sur ce sujet sont exceptionnellement précieux; nous avons eu sous les yeux des notes rédigées par lui, nous les avons consultées avec beaucoup de fruit.

CHAPITRE IX

L'EMPLACEMENT DE L'ÉGLISE. — LES PLANS.

LES ARCHITECTES.

I. — L'Emplacement.

C'est dans la vieille église que se fit l'organisation initiale de l'OEuvre de Notre-Dame des
Enfants.

L'insuffisance de cette église, son indigence
et sa vétusté ont été signalées aux premiers
chapitres de ce récit. Nous avons vu que le
besoin de reconstruire l'édifice fut l'occasion
de la naissance même de l'OEuvre. Maintenant,
à mesure que l'OEuvre se constituait, s'affir-
mait, progressait, la nécessité de cette reconstruction devenait plus urgente, non seulement
au point de vue du service paroissial, mais
également parce qu'il convenait que la sainte
Vierge protectrice, avec ses belles fêtes et ses

pèlerinages qui déjà attiraient la foule, eût une basilique digne d'un si haut objet.

Naturellement les ressources croissaient en même temps que s'étendait la dévotion à Notre Dame des Enfants. Chaque matin, les lettres s'accumulaient en pyramide sur la table de M. l'abbé Ducros. Il les ouvrait avec émotion. Il les lisait avec gratitude. Venues de tous les pays, elles étaient remplies d'adhésions et d'offrandes. C'étaient les *deux sous* sollicités à l'origine de la piété des enfants, qui se multipliaient indéfiniment, comme se multiplièrent miraculeusement jadis les pains que bénissait Jésus.

Quand les sommes encaissées furent assez grosses pour qu'on pût songer à commencer bientôt les travaux de construction, une question se posa : Où placer la future église?

Plusieurs idées étaient mises en avant.

La première consistait à établir l'édifice dans la ville basse, soit aux environs de la mairie, soit au pied de la colline que domine le château, c'est-à-dire en face de la longue rue traversant les ponts. Placée de la sorte, l'église eût été parfaitement à la portée de la majorité des paroissiens. De plus, il eût été possible, en adoptant cette combinaison, de donner à la façade un éclat particulier. Cependant le monument, écrasé par la colline, eût forcément manqué de majesté et d'ampleur. La dépense, d'autre part, aurait été considérable, en raison de l'obligation d'acquérir des terrains bâtis et de procéder à des démolitions importantes.

Une autre idée fut proposée : c'était d'édifier sur la colline que les habitants appellent « la Chaume » et qui fait face à celle où sont la ville haute et le château. La position était pour séduire. Le monument eût dominé tout seul la petite montagne, et il se fût détaché magnifiquement sur le ciel, en produisant un très grand effet de tous les côtés de l'horizon. Il eût été notamment superbe, vu de la gare.

Le terrain de la Chaume appartenait à la commune; or, il ne pouvait surgir aucune difficulté de ce côté, puisque la municipalité d'alors était profondément dévouée aux intérêts religieux.

Malheureusement il n'existe pas de chemin convenable accédant à la Chaume; pour en créer un, il aurait fallu acheter et démolir deux immeubles : la dépense était évaluée à 12,000 francs. Etait-il prudent, quand les ressources présentes étaient encore fort restreintes et lorsque l'avenir financier était incertain, de s'engager dans des frais si lourds?

M. l'abbé Ducros manifestait pour l'emplacement de « la Chaume » une prédilection marquée. Mais, malgré son désir de voir se dessiner sur un site si avantageux les profils de l'église, il n'osait insister, par prudence financière.

Ses amis et collaborateurs se prononçaient nettement pour le projet le moins coûteux; parmi eux se distinguait M. l'abbé Berthaumier qui avait hâte de voir commencer les travaux, craignant qu'on ne lassât la Providence par des tergiversations prolongées.

C'est principalement en définitive pour des raisons d'économie, conseillées par les circonstances, que l'idée fut définitivement adoptée, d'édifier la nouvelle église sur l'emplacement même de l'ancienne.

Comme cet emplacement appartient à la commune, il y avait lieu avant toute chose d'établir officiellement la situation. De cette façon, si les temps, au point de vue des dispositions des autorités civiles, devenaient un jour moins favorables, l'église qu'on allait construire n'en souffrirait pas; il fallait qu'aucune contestation ne pût survenir relativement à l'occupation du terrain. La délimitation des lieux fut faite en conséquence. Il y eut une délibération régulière du Conseil municipal, qui porte l'approbation officielle des représentants départementaux du Pouvoir central. C'est lorsque tout fut ainsi en règle que vint le moment d'adopter un plan architectural.

II. — Les architectes.

Un projet fut demandé à un architecte demeurant dans le Loir-et-Cher, à Vendôme, appelé M. Margaise; ce qui attirait l'attention sur cet artiste, c'est qu'il avait construit, à Graçay, une église heureusement conçue.

M. Margaise prépara un plan, en s'inspirant des idées architecturales du treizième siècle. C'est le beau siècle du moyen âge. A cette époque apparurent, montant vers le ciel comme des hymnes, ces magnifiques cathédrales dont le style, gloire de nos aïeux, avait l'arc brisé pour donnée caractéristique.

Le plan de M. Margaise servit à planter l'édifice, c'est-à-dire à établir les fondations de la nouvelle église.

Pour l'élévation, et notamment pour la façade, des dessins fournis par un architecte de Bourges, M. Auclerc, furent utilisés. Des modifications diverses ont été apportées par la suite aux plans primitifs; elles portèrent principalement sur la partie ornementale, à mesure que les ressources financières augmentèrent et permirent de la rendre plus complète, plus belle et plus riche.

Depuis le commencement jusqu'à l'achèvement, le conducteur des travaux a été le frère Hariolf.

Le frère Hariolf était alors le directeur de l'école des Frères des Ecoles chrétiennes établie à Châteauneuf. Sans doute il était logique, si l'on envisage les choses au point de vue de l'idéal, qu'une entreprise dont les premiers frais étaient couverts par l'aumône des enfants et dont le but était la protection des enfants, fût conduite par un homme ayant voué sa vie au développement intellectuel et moral des enfants.

Mais il fallait aussi considérer le côté pratique de la question : le frère Hariolf avait-il les aptitudes et les connaissances qui sont indispensables au premier collaborateur d'un architecte?

Quand il fut proposé à M. Margaise, celui-ci ne dissimula pas son inquiétude. Il comprenait parfaitement que le frère fût amplement approvisionné de bonne volonté; mais cela ne lui suffisait pas.

Il était en somme du devoir professionnel de M. Margaise de faire les objections que lui suggérait son expérience. Après avoir formulé les réserves qui devaient couvrir sa responsabilité, il consentit volontiers à mettre ses plans d'ensemble à la disposition du frère Hariolf.

Le frère emporta les dessins, s'enferma et se mit à l'ouvrage.

Bientôt il apporta des épures tracées par lui, avec l'étude de chaque détail et l'indication des cotes.

M. Margaise examina attentivement ce travail. C'était exact et parfait. L'architecte se déclara hautement satisfait, affirmant qu'il ne restait plus aucun doute et qu'il tenait pour certain que le frère Hariolf dirigerait brillamment l'entreprise.

CHAPITRE X

La Providence voulait donc que la basilique de Notre-Dame des Enfants fût construite sous la direction d'un éducateur des enfants, du chef d'une école chrétienne primaire, le frère Hariolf. Il importe à notre sujet d'indiquer pourquoi ce frère s'est trouvé à point nommé, pour l'accomplissement de la mission qui lui était dévolue : pour cela, il est nécessaire de relater rapidement les circonstances dans lesquelles l'école congréganiste fut fondée et maintenue à Châteauneuf, par la volonté céleste.

Un homme de bien, M. Terrasse, vivait dans une propriété appelée la Brosse, située sur le territoire de Venesmes. En mémoire du P. Desbillons, son grand-oncle, Jésuite, mort en 1789 et célèbre par ses travaux pédagogiques (1), M. Terrasse eut la pensée, vers 1850, de consacrer une somme à l'instruction des enfants du pays qu'il habitait, et, pour que cette instruction fût à la fois sérieuse, morale et pieuse, il songea à fonder à Châteauneuf une école dirigée par des frères de la Doctrine chrétienne. Il disposa à cet effet d'une somme de 20,000 francs. Cette donation, acceptée avec gratitude par le conseil municipal, portait que si, dans l'avenir, l'administration trouvait à propos de remplacer les frères par un instituteur laïque, les 20,000 francs seraient rendus.

Quand toutes les dispositions furent prises, les supérieurs de l'Institut envoyèrent à Châteauneuf le frère Hariolf, chargé de la direction, le frère Héraclide et le frère Honfroy. Installée d'abord au premier étage de la mairie, l'école congréganiste, ouverte le 8 octobre 1854,

---

(1) Le R. P. Terrasse Desbillons, surnommé « le dernier des Romains », ou encore le « La Fontaine latin », est né à Châteauneuf en 1711. Il fit ses études à Bourges, au Collège des Jésuites. entra dans l'Ordre, professa les humanités et la rhétorique à Nevers, à Caen, à la Flèche, à Louis-le-Grand (Paris), fut expatrié lors de l'expulsion des Jésuites, en 1762, et mourut à Manheim. Ses principaux ouvrages sont : ses Fables (*Fabulæ Æsopicæ libri quindecim*); une édition de l'Imitation de N.-S.; *De pace christiana; Miscellaneæ posthuma;* une édition de Fables de Phèdre; une histoire critique de la langue latine (inachevée), etc.

ne tarda pas à compter deux cents élèves.
Trois ans plus tard, la municipalité lui donna
une excellente installation dans l'immeuble de
Saint-Antoine.

Les archives où sont relatés les débuts des
Frères à Châteauneuf contiennent des remerciements aux premiers bienfaiteurs : M. Terrasse
de la Brosse ; M. l'abbé Prungé, curé de
Venesmes ; M. l'abbé Gouault, curé de Châteauneuf, « qui se chargea de pourvoir à une
partie du mobilier » ; M. le duc de Maillé,
dont la noble générosité ne fit jamais défaut à
aucun besoin local ; M. Hervet, maire de Châteauneuf, « qui s'est montré favorable aux
Frères, et qui, malgré les difficultés qui
surgissent naturellement dans ces sortes
d'entreprises, ne s'est jamais laissé aller
au découragement » ; le conseil municipal
« qui n'a point fait d'hostilité à cette
œuvre ».

C'est ainsi que Châteauneuf eut une école
congréganiste, et que le frère Hariolf fut là, en
1868, pour prendre la charge de la direction
des travaux, au moment où l'on se disposait à
commencer la construction de l'église de Notre-
Dame des Enfants.

Mais les années s'écoulèrent ; l'ancienne
municipalité disparut. Plus tard devaient

surgir des autorités nouvelles, animées de dispositions différentes, qui essayèrent de priver Châteauneuf de son école congréganiste, et tentèrent, par voie de conséquence, d'enlever son constructeur à la basilique qui n'était pas encore achevée.

Pour préciser les événements auxquels nous faisons ici allusion, il faut se rappeler la situation faite peu à peu aux écoles chrétiennes pendant la période historique issue des malheurs de 1870.

Quand les sectaires de l'ère nouvelle entreprirent de « déchristianiser » la France, on sait que leur effort se porta d'abord sur l'enseignement primaire. Ils se dirent qu'il n'y avait qu'à semer l'athéisme chez les enfants, pour que les générations futures fussent athées : c'est ce que Ledru-Rollin, plus de vingt ans en deçà, appelait « la conscription de l'enfance ». De là cette campagne de laïcisation effrénée à laquelle on a le chagrin d'assister.

Nombreuses sont les municipalités sur lesquelles souffla le vent de la libre-pensée. Châteauneuf eut le douloureux privilège de posséder en 1878 une telle municipalité.

Le nombre des enfants fréquentant l'école

LE FRÈRE HARIOLF.

des Frères était alors des deux tiers supérieur au chiffre des élèves de l'école laïque. Cependant le conseil municipal qui fonctionnait en ce temps-là, trouva bon de décider la suppression de l'école des Frères comme école communale; cette décision fut prise par neuf voix contre sept : c'était une bien faible majorité, mais enfin le vote était légal.

L'émotion fut grande dans la ville. Une protestation, dictée par l'opinion publique, se couvrit immédiatement de quatre cents signatures de pères de famille. Saisi de cette pétition, le préfet, conformément aux instructions ministérielles qui étaient en vigueur, ordonna une enquête et désigna un commissaire enquêteur étranger à la commune.

Au jour de l'opération, qui eut lieu à la mairie, les pères de famille se présentèrent en foule, déclarant, les uns après les autres, qu'ils avaient à cœur de faire élever leurs enfants, comme ils avaient été élevés eux-mêmes, dans la crainte de Dieu, et insistant pour le maintien des Frères.

Pour appuyer ces revendications, trois cent cinquante mères de famille, à la tête desquelles marchait Mme la duchesse de Maillé, se présentèrent ensemble à la mairie, pour protester en faveur de l'éducation religieuse. Cette calme et solennelle manifestation produisit, dans l'esprit des enquêteurs, une perturbation dont les journaux de l'époque se sont emparés pour édifier leurs lecteurs. Elle eut surtout pour effet d'entraîner les hésitants. La majorité de la population se prononça énergiquement pour les Frères : la cause paraissait gagnée.

Les plus imposés joignirent, par voie de pétition, leurs observations à celles des pères et des mères. Enfin Mme la duchesse de Maillé écrivit au préfet deux lettres, dont l'une contenait ces mots : « Il me semble que la question est bien simple, et que le pays l'a jugée lui-même contre un petit nombre de gens qui, pour faire du mal ou du zèle, ne craignent ni le scandale ni les mesures que je ne puis qualifier. »

Vaines démarches ! Le gouvernement parlementaire inclinait de plus en plus vers la laïcisation. On commençait à ne tenir compte, en matière d'enseignement, ni du vœu des populations, ni du droit supérieur des familles, ni de l'intérêt des contribuables.

Finalement, l'école de Châteauneuf fut laïcisée. Le 30 juin 1880, M. le maire fit signifier au frère Hariolf d'avoir à sortir, avec

« ses instituteurs adjoints », de l'immeuble de la rue Saint-Antoine, et à « vider les lieux » pour le 1er janvier suivant.

La commune de Châteauneuf est ainsi l'une des premières où se manifesta officiellement l'hostilité vis-à-vis de l'enseignement religieux. C'est peut-être en partie parce que l'âme de l'enfance devait y être particulièrement exposée, que la sainte Vierge, protectrice des enfants, voulut y établir un centre privilégié de ses grâces.

Quand le mal s'étendit, et lorsque des dispositions législatives furent prises pour la France entière, non seulement contre les ordres religieux donnant l'enseignement secondaire, mais encore contre les congrégations d'hommes et de femmes qui distribuent l'enseignement primaire, un écrivain d'autant de cœur que de talent, Albert Duruy, fils de l'ancien ministre de l'Empire, publia sous ce titre : l'*Instruction publique et la démocratie*, un livre enflammé où il parle en ces termes des Frères des écoles chrétiennes :

« Contre ces humbles et contre ces petits, quel grief articuler? En fait d'éducation, ils n'avaient pas seulement une longue profession d'état, ils s'étaient toujours montrés animés de l'esprit le plus libéral et le plus sagement novateur. Les premières écoles normales qu'ait eues la France, c'est à Jean-Baptiste La Salle qu'elle les doit. Les premiers essais d'enseignement primaire supérieur et d'enseignement secondaire spécial ou technique, c'est encore à cet homme admirable qu'en revient le mérite. « C'est à lui, disait en 1867 un des ministres « du gouvernement d'alors, que la France est « redevable de la mise en pratique et de la vul« garisation de l'enseignement technique. De « ces essais sortit un enseignement qui, s'il « avait été régularisé, aurait avancé d'un « siècle l'organisation de nos écoles d'adultes, « et même de l'enseignement secondaire spé« cial, dont notre temps s'honore à juste titre. »

« Voilà pour le passé. Dans le présent, que pouvait-on bien reprocher à l'Institut? Avait-il dégénéré? Non certes, car ses élèves, en dépit des préférences officielles, ont gardé dans tous nos concours et dans toutes les expositions une supériorité manifeste. Pouvait-on critiquer ses tendances? Jamais... Il allait, creusant son sillon, y jetant la semence à pleines mains et sans compter, poussant chaque jour un peu plus loin ses conquêtes sur l'ignorance et sur la misère, s'adressant de préférence aux déshérités de ce monde, et ne demandant au gouvernement, quel qu'il fût, que le droit au dévouement obscur.

« Une seule fois, depuis bien des années, les Frères ont fait parler d'eux. C'était en 1870, et vraiment, on aurait bien dû le leur pardonner. Il fallait plus que du dévouement alors, l'heure du sacrifice était venue. En quelques semaines, l'Institut jeta cinq cents des siens sur les champs de bataille de la défense nationale, et nos malheureux blessés virent arriver de toutes parts à leur secours ces brancardiers tout de noir vêtus, ces ignorantins ignorants de la peur et du danger, que ceux-là seuls ont pu représenter comme des ennemis de leur pays, qui n'ont jamais entendu siffler une balle à leurs oreilles.

« Serait-ce pas en effet à ces souvenirs importuns, serait-ce aux services que ses membres ont rendus pendant la guerre et qu'ils renouvellent tous les jours sur d'autres champs de bataille, en Afrique, au Tonkin, en Chine, aux Indes, que l'Institut devrait le coup qui vient de le frapper? Qui sait? Qui saura jamais pour quelle part est entrée dans les violences de ces dernières années l'humiliation de certains rapprochements?

« Quoi qu'il en soit, il s'est trouvé dans ce

pays de France, dans cette terre classique du courage et de la générosité, des Chambres assez peu françaises pour souscrire à cette criante iniquité... »

En ce qui concerne Châteauneuf, le coup dirigé contre les Frères n'atteignit que les finances de la ville. Il fallut rendre les vingt mille francs donnés par M. Terrasse, et il y eut nécessité de contracter un emprunt à cet effet, ce qui surchargea le budget municipal.

Expulsés de l'immeuble communal, les Frères n'eurent que la peine de s'installer dans une maison construite pour eux, et appartenant à la Société des Ecoles libres fondée par Mgr l'Archevêque de Bourges, maison où leurs élèves les ont suivis et où leur école est en pleine prospérité.

De cette façon, le frère Hariolf est demeuré à Châteauneuf, pour terminer l'église, et ensuite pour collaborer à la construction ou réparation des édifices religieux, dans tout le diocèse et fréquemment au delà.

———

CHAPITRE XI

LA PREMIÈRE PIERRE.

Les plans de M. Margaise pour les fondations de la nouvelle église ayant été adoptés, le frère Hariolf les étudia, comme nous l'avons dit, et se les assimila. L'hiver de 1868 vit s'achever les derniers préparatifs.

L'ancienne église fut divisée en deux fractions.

La nef, séparée du chœur par une muraille légère, reçut un autel provisoire, et dut suffire pour un temps aux nécessités du culte. Le printemps venu, le vieux chevet disparut.

Au mois d'avril 1869 commencèrent les travaux de terrassement. Ils furent menés avec toute l'activité possible. Il s'agissait d'être en mesure de procéder, le jour de la fête du pèlerinage, à la bénédiction de la première pierre.

La fête du pèlerinage qui se célébrait cette année-là pour la seconde fois, était fixée au 29 août.

C'est à cette occasion que Mgr de la Tour d'Auvergne procéda, avant la messe, à la bénédiction de la statue de Notre-Dame des Enfants qui venait d'être terminée.

L'architecte, M. Margaise, était présent. Il avait voulu avoir la joie d'assister à la cérémonie fondamentale de la bénédiction des premiers vestiges de l'église future dont le plan était son œuvre. Mais cette église devait s'élever sans lui; il ne lui était pas réservé de la voir monter, d'y venir jamais prier. Le nom de M. Margaise figure sur la liste si longue des morts de 1870.

L'annonce des événements qui allaient signaler la journée du 29 août 1869 avait attiré à Châteauneuf une foule empressée.

Il avait été convenu que les habitants illumineraient, le soir, « la place de la nouvelle chapelle dont Monseigneur devait bénir la première pierre en terminant la procession du soir », car on allait commencer par la chapelle de la sainte Vierge, comme il convenait pour un édifice destiné à glorifier spécialement Marie. Mais à la messe, M. le curé Ducros

demanda aux habitants de laisser à de pieux
visiteurs la satisfaction de pourvoir à cette illumination : « Plusieurs paroisses, maisons religieuses, pensionnats demandaient à se charger
de cette portion de la fête afin d'entrer dès ce
jour-là en partage avec Châteauneuf, ce sanctuaire de Marie. Cette idée, venue à la dernière
heure, a été accueillie avec empressement.
Ainsi vingt-cinq novices de la maison des
Sœurs de la Charité de Bourges ont voulu être
représentées et placer à l'avance sous la tutelle de Notre-Dame des Enfants les classes
dont elles seront chargées dans quelques
semaines, après l'émission de leurs vœux. Un
orphelinat naissant adressait son offrande pour
obtenir l'appui de Celle qui est si bien la Mère
des orphelins. Une jeune Arabe de huit ans,
non encore baptisée et arrachée par la main de
nos évêques de l'Algérie à une mort certaine,
prenait, par l'entremise de ses pieux protec-
teurs, part à cette démonstration. Les paroisses
de Levet, Vorly, Saint-Just, Saint-Germain,
Senneçay, Dun-le-Roi, Saint-Bonnet de Bourges, Evaux (Creuse), etc., s'associaient dans ce
même but. »

L'enthousiasme était général. Après l'émotion causée, dans la matinée, par la cérémonie

de la bénédiction de la statue de Notre-Dame des Enfants, vinrent les splendeurs et la sainte joie des solennités de l'après-midi.

La procession fut une manifestation splendide. Déjà l'année précédente, elle avait eu un début aussi brillant qu'il était humainement possible de le désirer. On s'efforça cette fois de faire mieux encore, et chacun tint à honneur d'y employer tout son zèle. « Sur un parcours de près d'une demi-lieue, les maisons étaient ornées de verdure et de fleurs, les rues tendues de guirlandes entremêlées de couronnes ; des arcs de triomphe s'élevaient de distance en distance. » Les enfants en longue file précédaient la foule immense des fidèles ; au-dessus des têtes planaient des bannières où étaient inscrits les noms de divers pays d'Europe ; la musique des pompiers, suivant cette belle procession, alternait avec les chants liturgiques et les chœurs des jeunes filles. Mgr l'archevêque de Bourges, fermant le cortège, marchait entouré de trente prêtres parmi lesquels plusieurs étaient venus de paroisses très éloignées, et Sa Grandeur était heureuse d'admirer, dans sa dévotion, « cette multitude silencieuse, uniquement préoccupée de la gloire de Marie ».

Le point extrême du parcours avait été, en 1868, la croix du grand pont du Cher. En 1869, il y eut seulement un arrêt devant cette croix, pour l'exécution, avec accompagnement d'harmonium, du cantique de Notre-Dame des Enfants. Puis la procession passa outre et parcourut le faubourg de Mouzaine, sur les désirs des habitants de ce quartier voisin de la gare, qui avaient rivalisé de zèle pour la décoration des maisons et des rues avec leurs compatriotes du centre de la ville. .

« Enfin, après un parcours de plus de deux heures, la foule s'est dirigée vers l'emplacement choisi pour la chapelle de la Confrérie, et là, Monseigneur a béni solennellement la première pierre de cette chapelle. Après la bénédiction, Sa Grandeur a pris la parole pour féliciter Châteauneuf de posséder une association si pleine d'avenir et si abondante en grâces célestes ; Elle a exprimé son espérance de voir s'élever rapidement non seulement la belle et vaste chapelle de Notre-Dame, mais encore l'église entière qui doit en être le complément. »

En rendant compte de cette magnifique journée, les *Annales* de Notre-Dame des Enfants s'associaient de tout cœur à la pensée du vénéré Prélat. Rendant hommage à leur tour au zèle général, elles parlaient ainsi, en septembre 1869, de l'importance de la nouvelle Confrérie : « Tous les habitants aujourd'hui la comprennent, et c'est cette union de tout un peuple dans une même pensée d'intelligence et de foi, qui portait Monseigneur à émettre l'espérance de voir bientôt une église digne de la ville, remplacer le vieux sanctuaire dont le moindre accident peut hâter la ruine. Puisse ce vœu se réaliser au plus tôt ! Cette église nouvelle, nous ne craignons pas de le dire, sera en peu d'années le but d'un des grands pèlerinages de France ; on viendra la visiter comme on visite Notre-Dame de Chartres, Notre-Dame de Boulogne, Notre-Dame de Fourvières et tant d'autres églises où Marie se plaît à manifester sa puissance et sa tendresse. »

Ces souhaits ont été pleinement réalisés. Nous pouvons même ajouter que les plus belles espérances de 1869 ont été dépassées, et c'est ce qu'établira la suite de ce récit.

CHAPITRE XII

LA CONFRÉRIE DE NOTRE-DAME DES ENFANTS
EST ÉRIGÉE EN ARCHICONFRÉRIE.

En voyant grandir si rapidement et prospérer,
pour le bien général, l'Œuvre de Notre-Dame
des Enfants dont l'institution était encore toute
récente, M. l'abbé Ducros, rempli d'admiration
et de pieuse gratitude, se posait une nouvelle
question à lui-même, et il la posait également à
ses amis, à ses conseillers accoutumés et à ses
dévoués collaborateurs : — Ne serait-il pas
possible, disait-il, que d'autres paroisses dans
chaque diocèse, pour s'assurer comme Châteauneuf la protection de la sainte Vierge, éta-
blissent chez elles la même Confrérie, avec
l'approbation de leurs évêques ?

Mais le *Mémoire* qu'il a publié précisément
à cette époque, c'est-à-dire en 1869, nous
apprend que les voix les plus autorisées lui

répondaient que cette idée, si hardie qu'elle parût, ne pouvait cependant atteindre le but qu'il importait de viser :

« Non, ce n'est pas assez; il nous faut un centre d'union, il nous faut former une grande et unique famille qui embrasse le monde entier, une prière commune, une pensée uniforme; il faut que nous soyons un en Marie, afin de faire violence à son cœur, de mieux assurer son règne, de mieux généraliser son influence; il faut que nous soyons un; et le point de départ de ce fleuve qui doit faire sentir au monde son influence ineffable, c'est le lieu où elle a daigné choisir le titre de cette association si douce, dont le nom était dans le cœur de toutes les mères chrétiennes avant d'être sur toutes les lèvres. Châteauneuf est le berceau de l'institution nouvelle, il faut qu'il soit le centre de ralliement de toutes les Confréries de Notre-Dame des Enfants, il faut qu'on se tourne vers son sanctuaire pour se modeler sur ses exercices, pour imiter ses belles processions, pour s'identifier dans sa prière, dans toutes ses manifestations d'amour pour Marie. Il faut que ses *Annales* soient les *Annales* de chaque paroisse; qu'elles redisent, non plus seulement les gloires de Marie, mais les progrès de son

OEuvre, mais son triomphe en chaque paroisse.

« Il faut en un mot que cette église nous préside, que son association devienne une Archiconfrérie. »

La transformation de la Confrérie en Archiconfrérie, tel était donc le vœu des personnes qui plaçaient leur espoir, pour l'avenir de la France et du monde catholique, dans la protection de Notre-Dame des Enfants.

Confident de ces aspirations qui étaient également les siennes, M. Ducros enregistrait avec bonheur les souhaits qui lui étaient communiqués. Il se fit une joie en même temps qu'un devoir de transmettre l'expression de ces désirs à Mgr l'Archevêque de Bourges, dans lequel il voyait, disait-il, « le père et le guide de l'association nouvelle ». Sa Grandeur, sans hésitation, se montra favorable à l'idée d'élever la Confrérie de Châteauneuf à la dignité d'Archiconfrérie.

La plupart des membres de l'épiscopat français furent consultés : ils donnèrent leur adhésion et leurs encouragements, dans des lettres dont M. Ducros publia peu après des fragments importants.

Les choses étaient de la sorte en bonne voie,

et il n'y avait plus qu'à aller de l'avant. Alors M. l'abbé Ducros se concerta avec M. l'abbé Berthaumier, le digne curé de Levet qui avait tant à cœur aussi l'Œuvre de Notre-Dame des Enfants. Tous les deux décidèrent qu'ils feraient sagement de partir pour Rome, afin de porter eux-mêmes la pieuse requête et de la déposer en personne aux pieds du Saint-Père. Leurs préparatifs de voyage furent rapidement menés.

Ce dont ils s'occupèrent avant tout, ce fut de rédiger une Demande tendant à l'érection de la Confrérie de Notre-Dame des Enfants en Archiconfrérie. Ils firent ensuite imprimer cette Demande, avec un ensemble de pièces justificatives. Ce dossier était destiné par eux à être distribué aux membres de la Congrégation qui, d'après leurs prévisions, serait chargée d'instruire l'affaire, de donner des conclusions, et de fournir les éléments du rapport sur lequel le Saint-Père statuerait.

Ainsi munis de leur Demande ou Pétition motivée, MM. Ducros et Berthaumier se mirent en route pour Rome, avec l'approbation archiépiscopale.

Déjà des prélats nombreux se trouvaient dans la Ville éternelle : ils étaient venus de toutes les parties du monde catholique pour prendre part au Concile du Vatican ; parmi eux était Mgr de la Tour d'Auvergne, Arche--vêque de Bourges.

Cette circonstance unique permettait à MM. Ducros et Berthaumier de paraître à Rome derrière leur vénérable Archevêque, si sympathique à l'Œuvre de Notre-Dame des Enfants, et qui récemment leur avait manifesté un si vif désir de voir réussir, avec son assistance, l'entreprise pour laquelle ils agissaient.

Mais lorsqu'ils se présentèrent, dès leur arrivée, à Mgr de la Tour d'Auvergne, ils éprouvèrent la déception la plus imprévue comme la plus douloureuse. Sa Grandeur leur déclara, non sans un vif chagrin, que malheureusement il n'y avait rien à faire en ce moment pour la sainte cause qui intéressait tant leur piété. Assurément la bienveillance de l'éminent Prélat était toujours acquise à l'Œuvre de Châteauneuf : c'étaient les circonstances qui étaient défavorables.

Il est vrai qu'on avait dû se demander à l'origine si cette Œuvre n'était pas de nature à soulever des objections. C'est là une question qui surgit naturellement devant toute œuvre nouvelle. Les œuvres religieuses sont faites pour vivre toujours en bonne harmonie les unes avec les autres. Si leur nombre s'accroît, il n'en est que plus indispensable qu'il n'y ait pas de rivalité entre elles, qu'elles ne se gênent pas mutuellement. Ce point, en ce qui concerne Châteauneuf, s'était particulièrement imposé à l'attention : Ayant été soulevé, il avait été étudié et complètement élucidé. Il était maintenant bien établi que l'Œuvre de Châteauneuf ne pouvait porter ombrage à aucune autre œuvre, éloignée ou non. Est-ce que la sainte Vierge eût suggéré la création d'un nouveau sanctuaire, si la mission qui devait y être accomplie l'eût déjà été d'autre part ?

Le pasteur du diocèse de Bourges reçut à Rome ses deux prêtres avec son urbanité accoutumée et son charme si bon. Il était le premier à déplorer qu'un obstacle fût survenu, qui lui enlevait à lui-même la satisfaction sur laquelle il avait compté.

Depuis quelques années déjà, le diocèse possédait l'Œuvre de « Notre-Dame du Sacré-Cœur ». Cette Œuvre, fondée par le R. P. Chevalier à Issoudun, où elle avait été élevée au titre d'Archiconfrérie diocésaine en février 1869, était alors en instance pour être en outre érigée, à Rome même, en archiconfrérie universelle ; cette érection romaine, espérée pour la fin de 1869, fut retardée, et, par suite de circonstances particulières, n'eut lieu que le 5 août 1873.

C'est là que se trouvait l'obstacle qui s'était inopinément produit. Le Prélat ne pouvait pas solliciter pour l'Œuvre de Notre-Dame des Enfants, qui venait en seconde ligne, avant qu'il fut donné satisfaction à l'Œuvre de Notre-Dame du Sacré-Cœur, qui avait le premier rang. La requête en faveur de Châteauneuf n'avait même pas, dans ces conditions, à être présentée.

Fort attristés, MM. Ducros et Berthaumier devaient nécessairement se résigner. Ils songèrent à reprendre sans plus différer la route du Berry.

Et maintenant, prosternés aux pieds de la Vierge sainte, ils priaient : — O Notre-Dame des Enfants ! Si vous avez jugé, dans votre sagesse céleste, que l'espérance qu'avaient conçue vos serviteurs ne doit pas être réalisée, que votre saint nom soit béni ! Ils ne veulent qu'obéir à vos ordres et suivre vos inspirations !...

Une inspiration vint précisément aux serviteurs de Notre-Dame des Enfants : ce fut de solliciter l'autorisation d'assister à une des audiences du Saint-Père; leur suprême désir était d'obtenir cette consolation avant leur départ; ils osaient à peine y compter. Mais la sainte Vierge ne voulut pas que cette peine leur fût infligée : elle savait ce qu'ils ignoraient et les guidait sans qu'ils le comprissent encore; l'autorisation leur fut accordée.

Les deux prêtres berrichons se tenaient humblement dans la foule des personnes admises pour quelques instants au Vatican.

M. l'abbé Ducros portait dans ses bras une reproduction de la statue de Notre-Dame des Enfants. Lorsqu'il se trouva à son tour en face de Sa Sainteté, cette sculpture frappa le regard du Saint-Père, et un éclair de satisfaction pieuse illumina la belle figure de Pie IX.

— *O bella Madonna!* murmura le Pape vénéré.

Pie IX, qui avait pour la sainte Vierge une piété si profonde, laissait éclater son ravissement; il était visiblement sous le charme saint de l'inspiration de la Mère du Sauveur.

De ses mains pontificales, Il daigna prendre la statue que M. Ducros osait Lui présenter, statue dont l'idée lui apparaissait si touchante, et lui-même Il la porta et la déposa sur son bureau.

M. le curé de Châteauneuf, bien ému, était aux pieds de Sa Sainteté. Il offrait respectueusement un bel exemplaire de la Supplique imprimée tendant à obtenir la fondation d'une Archiconfrérie de Notre-Dame des Enfants.

Pie IX jeta un rapide coup d'œil sur le placet, puis, soulignant sa réponse d'un doux sourire :

— Accordé ! dit-il.

Le Pontife tendit le papier à un des cardinaux présents. Celui-ci demanda :

— Faut-il faire passer la requête par les bureaux ?

— Non ! répondit vivement le Saint-Père. J'accorde *proprio motu.*

« C'est ainsi, rapporte en ses notes M. l'abbé Bernoin qui tenait ce récit de MM. Ducros et Berthaumier, c'est ainsi que fut établie l'Archiconfrérie de Notre-Dame des Enfants, au moment où la cause semblait perdue, et lorsque tous les moyens humains faisaient défaut. »

Voilà bien en effet, pour le dire encore une fois, ce qui a caractérisé dès le début l'Œuvre de Notre-Dame des Enfants. Cette Œuvre s'est développée d'une manière progressive et continue ; mais les succès les plus apparents qui aient signalé la première phase de son existence se sont généralement produits dans des conditions imprévues, et semblent indiquer clairement une intervention surhumaine : qui douterait que ce ne fût l'impulsion de la sainte Vierge qui se révélait de la sorte?

Cette impulsion a été particulièrement manifeste, lorsque Pie IX prit si vite la résolution d'accorder le titre d'Archiconfrérie, comblant de joie Mgr l'Archevêque de Bourges, ses deux prêtres, et les innombrables populations qui se massaient dans l'espérance de cette haute faveur.

Et dans ce moment si solennel et si grave, le Saint-Père s'est senti tellement porté par la volonté céleste, qu'il ne s'est point borné aux paroles qui viennent d'être rapportées, mais, précisant sa décision et insistant sur la pensée qui le déterminait, il a ajouté :

« De tout mon cœur, je bénis Notre-Dame des Enfants. Les enfants de la France surtout en ont un pressant besoin.

« J'élève cette Association au titre d'Archiconfrérie. »

En effet, le bref d'érection, promis et

annoncé en novembre 1869, fut donné dès le
mois de janvier suivant. En voici le texte
précieux :

« PIE IX, PAPE,

« C'est avec joie et empressement que Nous
enrichissons de privilèges les Confréries dont
le principal but est d'implanter par de profondes racines dans le cœur des hommes,
même dans l'âge le plus tendre, la piété et le
culte envers la glorieuse Vierge Marie, qui,
élevée au-dessus des chœurs des Anges, toute-
puissante auprès de Celui qu'Elle a enfanté,
prie et intercède sans cesse pour tous les
chrétiens, afin que ces associations croissent
de jour en jour, avec la bénédiction du Seigneur : Notre fils bien-aimé Jacques DUCROS,
Curé doyen de l'Eglise de Châteauneuf-sur-
Cher, au diocèse de Bourges, Nous a supplié
d'accorder les privilèges et le titre d'Archiconfrérie à la Confrérie de la Très Sainte Vierge
dite de Notre-Dame des Enfants, dont l'objet
est de consacrer le jeune âge à la très sainte
Mère de Dieu, et par tous les moyens
de le remplir de goût, de zèle et d'ardeur

pour la dévotion envers la Mère du divin amour.

« Cédant volontiers à ces désirs, et voulant donner un témoignage de bienveillance à tous et à chacun de ceux que concernent ces lettres, les absolvant et les regardant comme absous, en cette considération de toute excommunication, interdit, censures et autres peines ecclésiastiques qu'ils auraient pu encourir, de Notre autorité apostolique et par la teneur des présentes, Nous érigeons à perpétuité, en Archiconfrérie, la Confrérie de Notre-Dame des Enfants, établie, ainsi qu'on l'atteste, dans ladite Eglise du diocèse de Bourges, et Nous lui décernons, par ce titre insigne, tous les droits, honneurs, prééminences, indults, et privilèges accoutumés et ordinaires. Nous accordons également de Notre autorité et à perpétuité au Directeur de cette Confrérie, érigée en vertu des présentes en Archiconfrérie, pour tout le temps, le pouvoir d'agréger à ladite Archiconfrérie les associations du même nom ou du même but, qui sont établies ou s'établiront, et de leur communiquer licitement toutes et chacune des indulgences, le pardon des péchés et la remise des pénitences, que le Saint-Siège accorde à cette Confrérie par

Nous érigée en Archiconfrérie, pourvu que ces faveurs soient communicables, et en conservant les conditions prescrites par la Constitution qu'a publiée Notre prédécesseur le Pape Clément VIII, d'heureuse mémoire.

« Nous ordonnons que les présentes soient et demeurent obligatoires, valides et efficaces, qu'elles obtiennent leurs effets pleins et entiers, et qu'elles soient ainsi jugées et interprétées par tous . . . . déclarant nulle et sans effet toute atteinte qui y serait portée sciemment ou sans le savoir par quelque autorité que ce soit.

« Donné à Rome, à Saint-Pierre, sous l'anneau du Pêcheur, le **21** janvier **1870**, la vingt-quatrième année de Notre Pontificat. »

A la suite du grand événement qui fait l'objet de ce Bref magnifique, la fête de Notre-Dame des Enfants du **2** février **1870** fut célébrée dans la joie ; l'article des *Annales* où il en est rendu compte, renferme ce passage :

« Notre vénéré Pie IX a compris l'importance de cette œuvre et ses immenses résultats, puisqu'il n'a pas hésité à l'élever au titre d'archiconfrérie, par lui-même et sans en soumettre l'examen aux congrégations constituées pour cela. Marie elle-même accueille le titre de

Notre-Dame des Enfants avec bienveillance, les nombreuses faveurs obtenues jusqu'ici dans l'association, prouvent évidemment que ce titre lui est cher ; et tous les cœurs pieux et zélés s'empresseront, nous en sommes convaincus, de répondre aux désirs de la Mère de Dieu pour l'enfance, et de les abriter sous son manteau protecteur. Là, leur foi, leur piété grandiront et formeront en eux des âmes d'élite, une génération meilleure ; c'est le but de l'archiconfrérie, le but du Saint-Père en la proclamant solennellement, le dessein de la Reine du ciel en la bénissant. »

CHAPITRE XIII

CONFIANCE.

Au moment où l'Œuvre de Notre-Dame des Enfants venait d'être érigée en Archiconfrérie dans des conditions si heureuses et si belles, quel est le fidèle serviteur de Marie qui ne se serait pas laissé aller à la joie, à l'espérance, à la confiance ? La foi, encouragée et raffermie, se montrait vibrante, et les lettres que M. Ducros recevait à cette époque étaient remplies d'un enthousiasme débordant.

Parmi ces lettres, il en est une qui rend un touchant hommage à la bonté puissante de Marie ; la voici :

« Monsieur le Curé,

« C'est un acte de reconnaissance de publier les bienfaits de Marie. Aussi je ne saurais taire plus longtemps un fait extraordinaire de guérison qui s'est passé dernièrement dans ma paroisse.

« Le voici dans toute sa simplicité.

« Un dimanche matin, on vint me prévenir qu'un enfant âgé d'une huitaine d'années se plaignait d'un violent mal de gorge. Aussitôt après la messe, je me rendis auprès de mon petit malade. Son visage était tranquille comme à l'ordinaire, son regard parfaitement calme ; mais à la pâleur diaphane, à l'extinction complète de sa voix, à sa toux sèche et étouffée, et surtout à sa respiration pénible et sifflante, il était impossible de s'y méprendre, le pauvre enfant était atteint du croup.

« La marche rapide qui caractérise cette terrible maladie la rend presque toujours mortelle dans nos campagnes où les parents ne peuvent donner à leurs enfants les premiers soins indispensables en pareil cas pour arrêter les progrès effrayants du mal.

« Le père avait envoyé chercher un médecin à D... Il entra quelques instants après mon arrivée, constata la présence du croup et donna à l'enfant les premiers remèdes.

« Il me prit alors à part, et nous entrâmes seuls dans une chambre voisine.

« — Docteur, lui dis-je, que pensez-vous de notre malade ?

« — Monsieur le curé, c'est un enfant perdu. Le croup bien caractérisé se guérit difficilement, même à son début, mais ici, depuis vingt-quatre heures, il a fait de tels ravages, qu'il est maintenant impossible de l'arrêter. Il n'y a pas d'espoir.

« — Ainsi donc, ce pauvre enfant va mourir peut-être aujourd'hui dans nos bras.

« — Il peut vivre jusqu'à demain soir, mais il ne passera pas mardi matin. Veuillez donc prendre sur vous d'en prévenir les parents ; je vous charge là d'une triste commission, mais vraiment la médecine est impuissante. Il est trop tard.

« Je revins alors à mon petit Jacques. La situation était on ne peut plus pénible. Voir cet enfant en parfaite connaissance et se dire : Dans quelques heures ce ne sera plus qu'un cadavre ; suivre les progrès de ce mal étrange qui l'asphyxiait sous nos yeux sans qu'aucun bras humain pût en arrêter le cours. C'était un spectacle navrant.

« Le petit Jacques n'avait pas l'air de soupçonner la gravité de son état, il était toujours calme et serein, tandis que sa mère exprimait en silence ses craintes et ses inquiétudes par des larmes, ce langage si éloquent du cœur maternel.

« Je ne me pressai guère d'accomplir la triste commission du docteur. Elle était d'abord assez embarrassante, puis je me disais : Si la mort entre, elle parlera elle-même beaucoup trop clairement, elle peut bien se passer d'annonce.

« La mère espérait toujours, c'était tout naturel : une mère ne désespère jamais. Moi-même, je me disais : Puisque la médecine n'y peut rien, adressons-nous à Notre-Dame des Enfants, elle est encore au début de ses faveurs, le Souverain-Pontife vient d'ériger en son honneur une archiconfrérie à Châteauneuf; si elle veut s'y fonder un pèlerinage et un sanctuaire, il faut qu'elle fasse ses preuves.

« J'allai donc chercher une médaille de Notre-Dame des Enfants. Elle fut passée au cou du petit Jacques qui la baisait dévotement, pendant que sa mère faisait vœu de le conduire à Châteauneuf remercier sa bienfaitrice, si Notre-Dame des Enfants voulait bien le sauver.

« L'enfant devait mourir le lendemain soir, je revins le revoir, il respirait librement, il était guéri.

« Je n'ajoute aucune réflexion à ce récit, les œuvres de Marie se jugent elles-mêmes.

« Personne ne peut se refuser à voir dans cette guérison inattendue la main de Celle que l'Église n'appelle pas en vain le salut des infirmes et la consolation des affligés, et qui, sans doute, se plaît aussi à être invoquée sous ce titre charmant de Notre-Dame des Enfants. C'est si naturel, on la prend par son côté sensible : son Cœur de Mère.

« L'Abbé A... »

Ceux dont l'intelligence, si cultivée qu'elle puisse être, ne sort point du cercle étroit des aptitudes matérielles, ne manquent pas de se récrier au récit d'un événement ne concordant pas, soit avec la science humaine, soit avec l'ordre accoutumé des choses.

L'existence des aveugles ne peut pourtant pas empêcher les personnes qui voient, de croire à la lumière.

Quand le Tout-Puissant a créé l'univers, et quand il en a réglé jusque dans ses moindres détails la marche méthodique et le fonctionnement régulier, il a fait la plus colossale et la plus admirable des choses qu'il soit donné à l'homme, non pas de concevoir, mais d'admettre. S'il lui convient de suspendre les lois établies par Lui, dans telle ou telle circonstance, nous n'avons qu'à nous incliner devant ce miracle isolé, comme chacun s'incline, bon gré, mal gré, devant le prodige général et permanent de l'organisation même du monde.

Ce sont les médecins de comédie qui prétendent que les malades ne doivent pas guérir sans leur permission.

Mais les médecins qui remontent de bonne foi aux causes des faits soumis à leur observation, reconnaissent volontiers les limites de la science. Un jour que quelqu'un louait un des maîtres de la médecine française, Ambroise Paré, du rétablissement d'une personne qui avait semblé perdue, il répondit simplement : « Je l'ai soignée, Dieu l'a guérie ! »

Les *Archives* de Notre-Dame des Enfants sont remplies d'innombrables remerciements à Marie, pour des grâces et des guérisons, pour des faits que la seule prudence humaine n'aurait pas pu produire, pour des choses qui souvent dérogent tellement avec les prévisions ordinaires qu'on doit les qualifier de miraculeuses.

Cependant les bénéficiaires des bontés de

Notre-Dame des Enfants sont loin d'avoir tout révélé. Les *Annales,* les lettres, les *ex-voto* ne mentionnent qu'une partie des faveurs obtenues ; il en a été accordé bien d'autres, dont le secret reste précieusement enfermé dans les consciences et n'est connu que des personnes favorisées et du ciel.

CHAPITRE XIV

Au printemps de 1870, les travaux de la nouvelle église, très peu avancés encore, étaient poussés avec ardeur. Les ressources étaient précaires ; les dépenses nécessitées par l'installation de la Confrérie, puis de l'Archiconfrérie, avaient absorbé la presque totalité du produit des premières collectes : cela se savait, et chacun redoublait en conséquence de zèle généreux : dans cet état de choses, les enfants de Châteauneuf eurent la pensée de prélever sur le fonds modeste de leurs menus plaisirs la somme de 5 centimes par semaine et par tête, pour participer aux frais de la construction du sanctuaire ; ils rêvaient de payer, avec leurs petits sous accumulés, un des piliers de l'édifice.

Mais l'été vint, et il amena la guerre.

Cette guerre, préparée de longue main par la Prusse qui voulait, à la faveur de la gloire militaire, faire à son profit un nouvel empire d'Allemagne, fut la plus terrible que l'Europe eût vue depuis longtemps. D'abord, la France outragée ne douta pas que son courage ne lui assurât la victoire. Mais la valeur héréditaire de notre race devait cette fois se briser contre les masses allemandes, méthodiquement conduites d'après des plans de campagne mûrement étudiés.

Dès le début des hostilités, la France se sentit frémir de douleur : ses armées déployaient vainement le plus glorieux héroïsme ; elles allaient de défaite en défaite.

La Fête du Pèlerinage de Notre-Dame des Enfants fut célébrée, le **28** août de cette lamentable année, dans une pensée de pieux patriotisme. Les *Annales* de septembre 1870 en parlent tristement en ces termes : « Au milieu de nos cruelles épreuves, nous n'avons pu donner, cette année, à notre grande fête, toute la pompe accoutumée. L'anxiété des esprits, les angoisses, la douleur des familles nous ont interdit toute démonstration de joie. Le recueillement et la prière, telle a été notre unique tâche, aux pieds de Notre-Dame des Enfants.

Et nous nous empressons de dire que sous ce rapport notre attente a été dépassée. Tout notre pays a compris notre but, nos désirs dans ce jour. »

Ce but, ce désir, c'était d'obtenir pour la France et ses enfants la protection de la sainte Vierge.

« Nous avons prié, dit M. l'abbé Ducros, pour tous nos chers petits agrégés, qui, eux aussi, priaient de loin avec nous. Mais nos intentions ne se sont pas bornées là. Au milieu des graves événements que nous traversons, nous avons conjuré Notre-Dame des Enfants de prendre en pitié tant de mères, tant de familles éplorées, tous nos braves soldats, notre pauvre France si cruellement tourmentée. Marie est notre patronne; notre sort lui est confié. Elle ne nous laissera pas à la merci de nos ennemis et des siens. Elle sait qu'à notre triomphe est attaché le triomphe de la religion. Nos prières ne peuvent qu'aller droit à son cœur; soyons assurés qu'Elle nous sauvera. Si Dieu et sa sainte Mère sont pour nous, qui peut donc être contre nous? »

Hélas! les épreuves de la France devaient se prolonger; elles allaient devenir de plus en plus cruelles. Dieu sait l'heure qui convient pour toute chose. Il nous envoie, suivant les besoins de nos âmes, les douleurs qui épurent et les consolations. Les prières ferventes vont toujours, en effet, droit au cœur de Dieu et au cœur de Marie, elles sont écoutées, et si ce que le ciel nous donne n'est pas quelquefois ce que nous voudrions, c'est cependant ce qu'il nous faut, pour notre amélioration et notre bien.

« Notre désir, disait encore M. Ducros en 1870, est que l'on fasse prier beaucoup pour le prompt rétablissement de la paix et le retour à la vérité des âmes égarées. »

La paix se fit attendre pendant tout l'automne, et encore pendant l'hiver.

L'invasion allemande s'étendait de plus en plus sur notre sol national, comme un immense déversement d'inondation que rien n'arrête et qui engloutit tout sur son passage. Le pays se débattait dans l'énervement d'une défense étrange, se signalant lui-même par son courage et ses sacrifices, mais excédé par le scandaleux bavardage des aventuriers qui, s'étant emparés du pouvoir, menaient vie joyeuse, pendant que les braves gens sans pain, sans chaussures, et mal armés, couraient aux combats.

Il semblait que la patrie fût perdue. La

renommée affolée racontait que les Allemands n'épargnaient rien, que tout ce qui se rencontrait sous leur main était pour eux de bonne prise, qu'ils marchaient en pillant et en dévastant, qu'ils brisaient, qu'ils détruisaient ce qu'ils ne pouvaient emporter, qu'ils voulaient enfin que la France, transformée en désert et couverte de ruines, n'eût plus qu'à pleurer après leur départ sur d'irréparables pertes.

Ces bruits lamentables poursuivaient ceux qui, ne pouvant, pour raison d'âge ou toute autre cause, prendre le fusil, étaient refoulés par le torrent barbare.

Sous ces frimas ensanglantés de 1870 qui pèsent d'un poids si lourd sur notre pauvre histoire, nos campagnes témoignaient d'une désolation sans nom. Le ciel était bas, le froid intense. Les arbres, chargés de givre, avaient l'air en deuil. La vue des vols de corbeaux causait une impression insolite, comme si l'on eût pensé qu'ils venaient de visiter quelque champ de bataille jonché de morts : savait-on si l'on ne se battait pas dans les environs, si beaucoup ne mouraient pas dans le sang sur la terre nue à dix ou quinze lieues de nos foyers de famille? La neige durcie gémissait sur les routes sous les pieds des rares passants.

Chacun vivait dans une inquiétude incessante. Beaucoup prêtaient l'oreille nuit et jour, et dès qu'un son se laissait percevoir, dans le pays désaccoutumé des bruits ordinaires de la campagne et sur lequel planait un silence de cimetière, on se demandait avec effroi si ce n'était pas le canon allemand.

Où s'arrêterait cette invasion désastreuse? Venue de l'Est, elle progressait de semaine en semaine dans la direction du Midi. En décembre, il y eut à craindre qu'à moins d'un miracle le territoire de Châteauneuf n'évitât pas l'épouvantable visite de l'ennemi.

Pourquoi, s'il l'avait fallu, un miracle n'eût-il pas été fait?

L'église de Châteauneuf se construisait en ce temps-là, et si les travaux furent nécessairement interrompus pendant les rigueurs de toute nature de ce lamentable hiver, ils devaient être repris aussitôt que possible; car, pour la gloire de la sainte Vierge et pour le bien des générations prochaines qui étaient déjà placées sous la protection de Notre-Dame des Enfants ou qui allaient s'y placer, il importait que l'édification du précieux sanctuaire se continuât et se terminât.

Les Allemands ne vinrent donc pas à Châteauneuf. Ils durent s'arrêter aux limites du Berry.

Il y a lieu de noter ici que, parmi les personnes qui passèrent à Châteauneuf les tristes jours de la guerre, se trouvait un architecte de Paris, M. Caron. Il était depuis de longues années regardé au château comme un ami; au reste, tous ceux qui le connaissaient ne l'avaient pas moins en affection pour ses rares qualités personnelles qu'en estime pour son bon goût artistique et son talent. Il eût volontiers, avant que l'on songeât à créer l'OEuvre de Notre-Dame des Enfants, offert un plan à la paroisse de Châteauneuf pour la reconstruction de son église, et certainement il aurait imaginé un édifice élégant et remarquable. Mais nous avons vu comment les circonstances avaient déterminé M. le curé Ducros à s'adresser à un architecte ayant la spécialité des monuments religieux et s'étant adonné à des études spéciales sur l'art du moyen âge.

M. Caron était donc à Châteauneuf pendant l'hiver de la guerre. Informé par la rumeur publique des dévastations que les Allemands commettaient, il éprouvait une légitime inquiétude, parce qu'il avait précisément dans le territoire envahi une résidence où il s'était plu à accumuler, aux années de paix et de confiance, des objets d'art composant une collection précieuse à laquelle il était fort attaché.

Dans cette préoccupation, sa piété, qui était profonde, lui suggéra une bonne et noble pensée.

Il s'agenouilla. Il demanda à la sainte Vierge de prendre sous sa garde ces trésors artistiques auxquels il tenait tant, et il fit vœu, s'il les retrouvait intacts, de donner une somme pour les vitraux de l'église de Châteauneuf.

La guerre finie, il se rendit en hâte à sa chère résidence d'artiste : rien n'avait été soustrait, aucun abus n'avait été commis, ses collections étaient intactes.

Immédiatement M. Caron fit parvenir, pour l'accomplissement de son vœu, dix mille francs à M. l'abbé Ducros.

CHAPITRE XV

L'épouvante guerre provoquée par la Prusse était à peine terminée, et les Allemands vainqueurs foulaient encore le sol de la France, quand fut suscitée au sein même de notre patrie, une autre guerre plus cruelle et plus monstrueuse, cette guerre civile que l'histoire enregistre avec horreur sous ce nom de la Commune de 1871. Au bout de deux mois de violence, de souffrance et d'orgie, l'insurrection formidable se noya dans un fleuve de sang, parmi les monuments de Paris dévorés par l'incendie révolutionnaire, et sur les corps vénérés des otages assassinés.

Au sortir de tant de misères, et quand le pays comprit qu'il devait survivre à cette longue série de cataclysmes, il n'y avait plus qu'une chose à faire : prier. De tous les points de la France, en effet, s'éleva un immense concert de supplications.

M. l'abbé Ducros adressait ces paroles émues, non seulement à ses paroissiens, mais à tous les membres de l'Archiconfrérie et à tous les lecteurs des *Annales :*

« Nous prions surtout nos chers abonnés et associés de ne point oublier notre pauvre patrie, et de prier pour le retour à la foi, et la conversion des impies et des pécheurs. »

Au jour de la Fête du Pèlerinage, M. l'archiprêtre d'Issoudun, le vénéré P. Chevalier, venait à Châteauneuf unir ses prières à celles des innombrables fidèles, et, dans un discours qui produisait une grande impression, joindre ses exhortations à celles du directeur de l'Archiconfrérie. Les cérémonies eurent cette année-là, un éclat d'un note toute spéciale, car c'était le deuil public qui s'y reflétait, mais à travers ce deuil immense resplendissait l'espoir chrétien.

L'année suivante aussi, l'effort fut grand et le zèle admirable. L'impression produite fut telle qu'un jour, en 1872, un Pèlerin adressait aux habitants de Châteauneuf, par l'intermédiaire des *Annales,* ces paroles de louange et d'exhortation :

« Votre Archiconfrérie de Notre-Dame des Enfants, quand elle sera partout connue, adoptée, embrassée, sera un véritable trésor, une source réelle de bien pour vous et le monde entier.

« Soyez-en donc fiers.

« Soyez fiers de voir venir chez vous ces multitudes de pèlerins, amenés par la piété, la reconnaissance, la générosité.

« Soyez fiers du beau sanctuaire qui s'élève et qui commence à étonner et à réjouir les regards par la hardiesse de ses proportions et la richesse de ses sculptures.

« Ce sera un jour l'ornement de votre ville et même de la contrée.

« Là viendront sans cesse, près de l'autel de Notre-Dame des Enfants, des multitudes bien plus nombreuses que celles qui sont déjà venues ; car c'est là que cette Vierge sainte a résolu de les attirer pour les bénir.

« Que tout ce qui concerne l'Archiconfrérie de Notre-Dame des Enfants soit entouré par vous toujours, comme au jour de votre fête, d'assistance, de respect et d'hommages. Ce qui est aujourd'hui votre espoir sera, dans peu d'années, votre bien et votre honneur.

« Plus tard, on demandera à vos enfants :

« D'où vous viennent ce concours des peuples
et ce superbe monument, l'orgueil du pays ? »

« Et ils répondront : « Nos pères nous ont
laissé ce témoignage de leur foi et de leur
piété. C'est notre plus bel héritage. »

Le pèlerin qui parlait avec cet enthousiasme
des futures splendeurs de l'Archiconfrérie et
de la basilique prophétisait en quelque sorte.
Il ne voyait la belle église qu'avec les yeux de
l'espérance, car elle était loin d'être édifiée.
Elle commençait à peine à sortir de terre ; et
même, la partie qui forme aujourd'hui le chœur
et les chapelles était la seule à laquelle on
travaillât.

Mais le lieu choisi par la Vierge protectrice était déjà un centre de ses bénédictions.

Que l'autel fût provisoire, que le trône de
la Souveraine des grâces infinies n'eût point
encore le luxe qu'il devait avoir plus tard, la
piété envers Notre-Dame des Enfants ne s'en
développait pas moins, s'affermissant dans
la contrée, s'étendant de plus en plus au loin.
Autour de ce point privilégié convergeaient,
avec une abondance sans cesse croissante, les
humbles supplications et les hommages de gratitude pour les faveurs réalisées.

Voici une des lettres reçues en **1873** par le

Directeur de l'Archiconfrérie. Elle est d'une institutrice, et n'a pas besoin d'être commentée :

« Monsieur le Curé,

« Je suis heureuse, ainsi que tous mes petits élèves, de répondre à votre pieux appel ; mais il me semble presque impossible de me taire sur la manière toute providentielle dont le bon Dieu a voulu que cette somme, quoique minime, fût recueillie.

« Après avoir reçu deux fois votre circulaire, le désir me vint de m'enrôler dans votre Archiconfrérie ; mais connaissant trop bien l'esprit de la population, qui a pour caractère distinctif la grande plaie de l'époque : je veux dire l'égoïsme, je pris la résolution de garder pour moi seule ce que je savais de cette œuvre, quand, il y a environ un mois, la Providence qui, sans doute, veut que cette bonne œuvre se répande, permit que par une adresse manquée, je reçus de vous un envoi de médailles, ce qui me donna l'occasion de revoir une nouvelle fois votre circulaire, avant de renvoyer le paquet, qui n'était pas cacheté, à son adresse.

« Une bonne pensée me traversa alors l'esprit, je la mis vite à exécution ; d'abord je fis voir les médailles qui excitèrent la convoitise des enfants ; je lus ensuite votre demande, j'en expliquai tous les précieux avantages ; à peine avais-je terminé mon petit discours que je fus, pour ainsi dire, assaillie par le bruit de toutes les voix enfantines qui s'écriaient, qui : Je veux être de l'Archiconfrérie, qui : J'en vais parler à maman, pour que nous participions aux deux messes de la semaine, etc., etc. Je fus obligée, même, contre mon attente, de modérer l'ardeur générale. C'était vers dix heures du matin, et à midi, je possédais déjà plus de 37 francs, somme assez importante relativement au nombre de mes élèves.

« Plusieurs de mes petits garçons ont vidé leur petite bourse afin de pouvoir y enrôler leurs frères et sœurs plus petits. Une de mes petites filles, ayant pour père un grand libre-penseur, et, si j'ose m'exprimer ainsi, un philosophe en gros sabots, exprima devant lui l'ardent désir qu'elle avait d'être, comme ses compagnes, enrôlée sous la bannière de la sainte Vierge, et d'être au nombre de ceux pour lesquels vous voudrez bien prier ; ce père vint me trouver le soir même, afin de se faire expliquer mieux en quoi consistait l'offrande, et quel était son

but et ses avantages ; je les lui expliquai. Sa réponse, ainsi que je l'avais prévu, fut celle-ci :
« Oh ! mademoiselle, si vous me réclamiez une somme triple pour l'agrément de vos élèves, je la donnerais, mais nous n'avons pas besoin de messes... » Le croirez-vous, monsieur le Curé, sa petite fille, quelques jours après, se trouvait prise d'une fièvre violente dont elle n'est pas encore guérie ! Je ne puis m'empêcher ici de reconnaître le doigt de Dieu, et je crois que vous-même penserez comme moi.

« Un autre fait, non moins remarquable et non moins providentiel, s'est encore accompli, et les enfants en ont été frappés. Une autre petite fille, à l'époque où j'ai reçu votre dernière circulaire, se trouvait gravement malade, au point que huit jours de souffrance l'avaient défigurée ; et ses parents chérissent cette fille unique au delà de toute expression. Je me hasardai donc de parler à sa mère pour son agrégation, ce qu'elle accepta de grand cœur, et je fis en même temps invoquer pour elle, dans la classe, Notre-Dame des Enfants.

« Son père, homme irréligieux s'il en fut jamais, ignorait cela, mais la petite fille lui en parla néanmoins en lui disant qu'elle était bien sûre que la sainte Vierge la guérirait. Le père, contrairement à mon attente, trouva fort à propos ce que je venais de faire pour sa fille en me disant : « Si ma fille guérit, je serai assez content. » Le lendemain, la fièvre diminua, l'appétit revint même, et l'enfant sentit la santé renaître. En ce moment-ci, elle se porte bien, tout en conservant des traces de sa maladie, et elle assiste à ma classe, dont elle est un des modèles.

« Je ne puis m'empêcher, Monsieur le Curé, de voir dans ces deux faits une protection et une punition du Ciel, et je crois n'avoir fait que mon devoir en vous les racontant... »

CHAPITRE XVI

La construction se poursuivait, l'empressement augmentait d'année en année, le zèle
croissait de jour en jour, d'heure en heure,
quand, à l'occasion de la fête du pèlerinage de
1876, l'orateur, M. l'abbé Blanchet, doyen de
Mehun, manifesta éloquemment son admiration
pour les grâces sollicitées et obtenues de Marie.
Il rappela comment dans toutes les parties du
monde, existent des « sanctuaires renommés où
siègent en permanence la bonté qui pardonne
et la puissance qui ressuscite ».

Mais il montra que parmi tous les pays, le
plus favorisé sous ce rapport est le nôtre : la
France n'a-t-elle pas mérité d'être surnommée
le royaume de Marie?

« Voici Chartres, le plus ancien des sanctuaires ; là rayonne d'un éclat incomparable sa *virginité féconde, Virgini pariturœ*.

« Au centre de la France, à Notre-Dame du Puy, c'est sa *royauté angélique* qui nous apparaît, *Regina Angelorum*.

« A Notre-Dame de Fourvières, c'est sa *puissance souveraine* sur le monde, *Regina mundi*.

« Sur les bords de la Méditerranée, à Notre-Dame de la Garde, c'est *son empire sur les mers, Stella maris*.

« A Paris, à Notre-Dame des Victoires, c'est sa *miséricordieuse* compassion pour les pécheurs, *Refugium peccatorum*.

« A la Salette, sur un des contreforts de nos Alpes, c'est sa *médiation* près de son divin Fils pour apaiser sa justice irritée par nos péchés. Elle retient son bras armé pour nous punir, et nous avertit que ce bras est lourd.

« A Lourdes, dans un vallon des Pyrénées, c'est son *Immaculée Conception*, ce brillant diamant de sa couronne virginale, *Immaculata Virgo*.

« A Pontmain, c'est *Notre-Dame de l'Espérance* qui apparaît pour nous consoler et nous dire d'espérer quand même.

« Ici, en ce sanctuaire, sur les rives de notre

Cher, c'est sa *maternité* qui rayonne d'un gracieux reflet. »

Ainsi Châteauneuf prenait rang au nombre des cités les plus hautement privilégiées! Une si heureuse fortune ne pouvait manquer sans doute d'éveiller l'envie et de surexciter la haine des impies.

Or, les travaux marchaient. La construction de la partie de l'église par laquelle on avait commencé fut menée rapidement; dès que cette partie, qui forme maintenant le chœur et l'abside, avait pu être couverte, les cérémonies du culte s'y installèrent, et les ouvriers se mirent, sous la direction du frère Hariolf, à la partie antérieure de l'édifice, où devaient être les trois nefs.

Au printemps de 1879, la fin tant désirée des gros travaux se laissa entrevoir. C'était un pur enthousiasme. Chacun redoublait de zèle; il s'agissait d'aboutir avant l'hiver, ou, mieux encore, d'offrir à la sainte Vierge sa nouvelle basilique pour le jour de sa fête.

Voici, en effet, ce que les abonnés des *Annales* avaient la joie de lire à la première page du numéro de septembre 1879 :

« La fête du pèlerinage du **24** août **1879** aura été, sans contredit, l'une des plus mémorables et mérite une place à part dans les souvenirs de ceux qui ont le bonheur d'assister souvent aux triomphantes solennités de Notre-Dame des Enfants. M. le Doyen de Châteauneuf, directeur de l'Archiconfrérie, avait annoncé qu'il espérait que sa chère basilique pourrait cette année-ci, ouvrir sa vaste enceinte aux nombreux pèlerins qui se pressent chaque année aux pieds de l'auguste Protectrice de l'enfance chrétienne. Grâce à des prodiges d'activité et de dévouement de la part de l'éminent religieux qui en dirige la construction d'une manière si remarquable malgré les entraves qui lui ont été suscitées, grâce au zèle et aux efforts multipliés des ouvriers qui exécutent sous sa direction des travaux, l'orgueil de la ville et du canton de Châteauneuf, les espérances de M. le Doyen se sont réalisées. Il y a quelques semaines, tombait enfin ce mur de clôture provisoire qui coupait en deux le magnifique vaisseau de celle qu'on pourrait légitimement appeler la seconde Cathédrale du Berry. »

Cette fête de 1879 fut donc particulièrement belle et heureuse.

Le but si ardemment désiré, et vers lequel tendaient depuis plus de dix ans tant de pensées et tant d'efforts était enfin atteint.

Notre-Dame des Enfants avait désormais un sanctuaire, et ce sanctuaire, centre béni d'où sa protection rayonnerait dans tout le pays, dans toute la France, dans tout le monde, allait être et était déjà plus beau, plus somptueux qu'il n'avait semblé permis de l'espérer.

La procession du pèlerinage, en une pareille année, ne pouvait pas manquer d'être triomphale.

« A **3** heures, selon l'usage, la procession commence à s'ébranler, et ses longs flots d'enfants armés d'oriflammes et de banderoles se déroulent à l'aise dans la vaste nef de la basilique. Un nombreux clergé, accouru à l'appel sympathique de M. le Doyen, forme un cortège imposant et vénérable à l'éminent délégué du premier Pasteur du diocèse. La statue vénérée de Notre-Dame des Enfants s'avance portée par une vaillante troupe de jeunes garçons fiers de leur noble fardeau, et devancée par un groupe enfantin, digne rejeton d'une noble famille où le dévouement à Marie se transmet de génération en génération.

« Jeunes filles, jeunes garçons, musiciens de la fanfare, clergé, entonnent chacun de leur côté, des cantiques en l'honneur de Notre-Dame. »

La douce et pieuse satisfaction des enfants de Notre-Dame était sans mélange. Ils marchaient dans le bonheur de leur confiance illimitée. N'est-ce pas la Vierge qui a écrasé sous son pied la tête du serpent?

La libre-pensée peut multiplier ses efforts. Si par aventure quelque pouvoir terrestre se trouve à sa disposition, elle est dans son triste rôle en profitant d'une telle circonstance pour essayer de détourner les croyants de la bonne voie qu'ils aiment à suivre, — comme si les pierres jetées dans le chemin pouvaient faire oublier le but à atteindre, comme si l'unique effet de ces malheureuses tentatives ne devait pas être de surexciter le courage et de raviver l'énergie.

C'est le propre des ennemis de la foi de se méprendre sur la puissance qui est en elle. Ils s'imaginent que le ciel est à leurs ordres, et qu'il suffit d'interdire une procession pour empêcher Dieu et la sainte Vierge d'être encore dans les rues, d'être toujours dans les cœurs.

Egarée par cette illusion, la municipalité qui administrait Châteauneuf en 1880 eut l'idée de prendre un arrêté, (1) pour empêcher tout

(1) Les processions viennent d'être rétablies, en 1896, M. Neiret étant maire.

pieux cortège de sortir de l'église et de se développer processionnellement dans la ville.

« Depuis plus de dix ans, écrivait en 1880 un pèlerin, Châteauneuf renouvelle chaque année des merveilles, en ce jour qui l'a sorti de l'ombre, et la ville tient à cette procession dans laquelle sont chantés des cantiques ravissants dus à l'inspiration de nos meilleurs maîtres, et flottent de nombreuses bannières dont quelques-unes sont des chefs-d'œuvre d'art. Aussi, chaque année, travaille-t-on de toutes parts, des semaines entières, à d'interminables guirlandes qui revêtent toutes les maisons de gracieux méandres de verdure et de fleurs !

« Les étrangers viennent par milliers boire à longs traits à cette source des joies parfaites, comme Dieu en laisse couler dans nos pèlerinages de France ; toute une contrée est dans la joie, toute une ville est en fête, toutes les mains se serrent, tous les cœurs sont ouverts, tous les fronts épanouis ; on chante, on prie librement, joyeusement. Voilà ce qu'a toujours été la fête de Châteauneuf en l'honneur de Notre-Dame des Enfants, sa glorieuse Souveraine, ce qu'elle a été encore cette année, dans d'autres conditions. »

Et voilà ce que la municipalité de 1880 a cru devoir faire cesser.

La ville a pu en souffrir, car le mouvement religieux est éminemment profitable à la vie commerciale d'une cité.

Mais la libre pensée n'y a rien gagné : c'est ce dont les libres-penseurs ont dû s'apercevoir par la suite, et c'est ce qu'il leur a été donné d'observer le jour même de cette fête du 29 août 1880 à laquelle ils nourrissaient l'espoir d'enlever tout son éclat :

« Le vénérable curé de Châteauneuf annonçait que la procession interdite dans la ville... serait faite dans le parc du château. Ce fut une surprise et une joie générale. Le parc est immense, à deux pas de l'église, et d'une végétation merveilleuse. Le cœur de Mme la duchesse de Maillé est d'une générosité sans bornes. Elle ne veut pas que tant de mères chrétiennes venues pour porter en triomphe l'image de Celle à qui elles ont consacré leurs chers enfants s'en retournent le cœur navré. Donc elle offre son parc au fondateur de l'Œuvre de Notre-Dame des Enfants, à M. le Doyen, pour la procession du soir; elle le conjure de ne pas refuser cet honneur à une famille toujours si dévouée aux Œuvres religieuses et qui regar-

dera comme une bénédiction de pouvoir offrir
un asile à Notre-Dame des Enfants. Ses offres
sont acceptées, et les préparatifs se font avec
une activité et une magnificence merveil-
leuses.

« La procession a été annoncée pour 3 heures. Les grilles du parc ont été ouvertes à tous.
La foule est immense et recueillie. Le parc du
château domine la ville entière à une grande
hauteur. On pouvait voir de fort loin se dérou-
ler, sous l'ombre des arbres séculaires, la
chaîne immense d'une procession qui n'a jamais eu peut-être un cadre d'une si grande
magnificence naturelle. C'est toute la poésie
grandiose de la plus riche nature au service de
la religion.

« On dit que quand, à l'autre bout de la
ville, un train vint à passer, les voyageurs du
chemin de fer demandèrent en grâce quelques
minutes de plus pour contempler le spectacle
inouï qui s'offrait à leurs regards. »

Et ce ne fut pas tout.

« Ici se place un épisode tout à l'honneur
des habitants de Châteauneuf et des pèlerins.
Plusieurs arcs-de-triomphe qui n'avaient pu
être placés dans la rue s'élevaient dans des
jardins particuliers visibles des ponts que tra-

verse le Cher et presque à la portée de la main. Ils abritaient des statues de Notre-Dame des Enfants, et témoignaient hautement de la piété des habitants qui avaient tenu à honneur de rendre cet hommage privé à Celle qui ne pouvait le recevoir en public. Au sortir de l'église, l'on vit, spectacle inouï, toute la foule, spontanément, hommes, femmes, jeunes gens, jeunes filles, enfants, se saisir, où ils purent, d'un bouquet, d'une simple branche verte et, la duchesse en tête, aller à travers la longue rue de la ville porter à Notre-Dame avec les palmes champêtres qu'ils tenaient à la main l'hommage de leurs cœurs. Arrivés en face de la statue, chacun à tour de rôle s'agenouillait et déposait son bouquet de verdure. La procession recommençait sous le bénéfice des immunités de la libre circulation. Si cette pacifique protestation et cette manifestation spontanée des sentiments religieux de tout un peuple n'avaient pas suffi pour éclairer les plus aveugles, il était bien impossible que leurs yeux ne fussent pas ouverts par les illuminations plus nombreuses et plus brillantes que jamais, qui éclairaient à peu près toutes les maisons à la tombée de la nuit. »

CHAPITRE XVII

Un compilateur du seizième siècle, groupant des documents pour l'histoire des croisades, intitulait son recueil : *Ce que Dieu fit en Orient par la main des Français* (**1**).

On peut, dans le même ordre d'idées, caractériser l'avènement et les progrès de l'OEuvre de Notre-Dame des Enfants : « Ce que la Sainte Vierge fit à Châteauneuf par l'intermédiaire de ses serviteurs, prêtres, frères des Ecoles chrétiennes, enfants et parents. »

Il est en effet remarquable que si M. Ducros, comme nous l'avons vu précédemment, ne semblait pas, par son penchant à la contem-

(1) Ce compilateur, appelé Jacques Bongars, né à Orléans en 1546, étudia le droit à Bourges sous Cujas. Le titre de son travail est : *Gesta Dei per Francos, sive, orientalium expeditionum et regni Francorum hierosolymitani scriptores varie cœtanei, in unum editi.*

plation plutôt qu'à l'action, préparé pour une initiative aussi considérable que celle qu'il fut conduit à prendre, ses premiers collaborateurs, qui furent les petits garçons et les petites filles, ne sont certainement pas ceux que la sagesse humaine fût allé chercher pour une telle entreprise.

Ce n'est par par conséquent la sagesse humaine qui a mené tout d'abord cette affaire. Sans insister longuement sur un fait semblable, il est impossible néanmoins de ne pas faire remarquer qu'il appelle tout particulièrement la méditation.

Il est manifeste que les moyens qui furent le point de départ apparent de l'OEuvre de Châteauneuf n'étaient pas proportionnés, humainement parlant, au résultat qui a été obtenu. Mais si ces moyens étaient originairement faibles, la puissance céleste, qui les avait choisis tels, les a ensuite changés en leviers d'une force inattendue. Pourquoi ce changement? pourquoi cette transformation? n'y faut-il pas voir, suivant la remarque faite par M. l'abbé Bernoin dans ses notes, et par M. Ducros lui-même, le signe destiné à faire reconnaître la mystérieuse et sans nul doute miraculeuse impulsion supérieure?

Une ère d'épreuves était proche. Notre foi peut nous suggérer d'admettre qu'au moment où un long et énorme effort allait être fait pour arracher de l'âme des enfants français toute notion religieuse, le ciel ait voulu prendre en main sa propre cause, afin que l'on puisse dire, en voyant qu'il veille incessamment sur les siens, ce que disait le grand prêtre Joad, lorsque le Temple s'armait pour repousser l'impie Athalie :

> Voici donc quels vengeurs s'arment pour ta querelle,
> Des prêtres, des enfants, ô sagesse éternelle !
> Mais, si tu les soutiens, qui peut les ébranler?...

Assurément non, rien n'ébranla la sainte milice de ces chers enfants qui, de toutes parts, s'enrôlaient sous la bannière que M. l'abbé Ducros avait eu l'inspiration de déployer.

Et M. l'abbé Ducros, heureux mais non pas vain d'un succès qui s'éleva rapidement si haut au-dessus de ses espérances, s'inclinait dans sa piété humble, et faisait son hommage de gratitude à Dieu et à la Vierge : « Ce n'est pas à moi, disait-il, que revient cette gloire, et je ne suis que l'instrument des desseins de la Providence. »

Pasteur dévoué, M. l'abbé Ducros était venu

à Châteauneuf avec la pensée de consacrer tout son temps aux soins de sa paroisse. C'était de quoi l'occuper entièrement. Quand survinrent les obligations nouvelles provoquées par la construction de l'église et par la fondation de l'Œuvre de Notre-Dame des Enfants, lorsqu'il vit s'agrandir indéfiniment le cercle de ses relations et se multiplier dans des proportions toujours croissantes sa correspondance quotidienne, M. Ducros dut être le premier à se demander comment il pouvait suffire à tout, et à s'émerveiller de l'immensité de son labeur; car rien ne demeurait en souffrance autour de lui, et il continuait à pourvoir aux besoins religieux de ses paroissiens, comme s'il n'eut pas été sollicité par d'autres soins.

En se prodiguant de la sorte, il sentait survenir une inévitable fatigue.

Préoccupé dès les premières années du désir de ne pas se surmener au point de ne plus pouvoir suffire à la tâche qui lui était dévolue, il avait sollicité la faveur d'avoir son frère Gilbert auprès de lui.

M. l'abbé Gilbert Ducros était curé de la Chapelle-Hugon. L'autorité ecclésiastique voulut bien l'envoyer résider à Châteauneuf, à la fin de 1868, avec la dignité de curé de Corquoy.

Il eut en outre le titre de sous-directeur de l'Œuvre de Notre-Dame des Enfants.

A deux ans de là, M. le curé Jacques Ducros avait la douleur de perdre son ami, M. l'abbé Berthaumier, un de ses premiers et de ses plus ardents collaborateurs. Il a été dit plus haut que M. Berthaumier accompagna M. Ducros à Rome, en 1869, dans cet heureux voyage qui eut pour résultat l'érection de l'Œuvre de Notre-Dame des Enfants au rang d'Archiconfrérie.

M. Berthaumier était déjà malade et atteint de la fièvre au moment du départ pour Rome. Il comptait sur ses forces, ou plutôt il songeait qu'il avait à participer, en se rendant auprès du Saint-Siège, à un acte agréable à Dieu et à la sainte Vierge, utile à la religion, nécessaire peut-être à la patrie. Ce fut sa joie suprême. Ce fut aussi le couronnement de sa laborieuse carrière. Sa santé, au retour, était irréparablement perdue. Il se vit dans la pénible obligation d'abandonner le service de sa paroisse de Levet. Il vint chercher des soins dans sa famille, à Châteauneuf, près de cette église nouvelle qu'il n'eut pas la consolation de voir achevée, mais dont l'achèvement était désormais assuré, et c'est là qu'il est mort, pendant l'été de 1870, peu de temps avant les jours des patriotiques angoisses.

Un an plus tard, M. Gilbert Ducros, qui restait auprès de son frère pour l'aider et le réconforter, fut surpris par une fluxion de poitrine. Il eut quelques jours de maladie, puis s'éteignit à quarante-deux ans.

Encore un an, et une troisième et bien cruelle affliction vint atteindre le digne curé doyen. Sa nièce, Mlle Virginie Ducros, qui s'était consacrée avec la piété la plus fervente à Notre-Dame des Enfants, et qui éprouvait une satisfaction délicieuse à contribuer, dans la mesure de ses moyens, à la propagande et à l'éclat de l'Œuvre, expira à son tour, en **1872**, rappelée sans doute par la Vierge Marie à laquelle elle s'était vouée. Les *Annales* ont publié, au mois de novembre de cette même année, un article où M. l'abbé Bernet a fait un touchant tableau des vertus de cette respectable servante de Notre-Dame.

C'est ainsi que rapidement l'isolement se faisait autour de M. le curé Ducros, et les douleurs humaines venaient les unes après les autres éprouver son courage. Voilà qu'il avait successivement perdu plusieurs de ses collaborateurs en titre des premières années. D'autres pertes encore l'affligeaient. De pieux laïques, qui avaient été pour lui des amis sûrs et des associés fidèles, s'endormirent en Dieu vers cette même époque.

Le bon M. Ducros bénissait Dieu dans ses épreuves. Il sentait du reste qu'il touchait au terme de la tâche que la faveur céleste avait confiée à son zèle.

Il s'était consacré tout entier à la fondation de l'OEuvre de Notre-Dame des Enfants. Il y avait épuisé ses forces, heureux de ne se point épargner, parce qu'il s'agissait du service de Marie. Sa santé devenait de jour en jour plus précaire. Depuis quelque temps, il ne suffisait qu'à peine aux nécessités du labeur quotidien. Le moment approchait où l'action lui deviendrait matériellement impossible. Son âme chrétienne et son intelligence avaient beau, gardant toute leur élévation et toute leur lucidité, protester contre l'affaiblissement d'un corps surmené, il fallait accepter le repos et bientôt se résigner à l'immobilité sur une chaise d'invalide : sa consolation et sa joie, c'était d'avoir été frappé en luttant pour Dieu.

L'autorité diocésaine suivait attentivement toutes choses, observant les efforts généreux de M. Ducros et la marche de sa suprême maladie.

CHAPITRE XVIII

Mgr l'Archevêque de Bourges vit que le moment était venu de désigner le prêtre auquel il serait donné de présider à l'achèvement de l'église de Châteauneuf, de placer l'OEuvre de Notre-Dame des Enfants sur ses bases définitives, de faire rayonner davantage encore, aux quatre coins de l'horizon, les bienfaits de l'Archiconfrérie.

Il fallait pour une telle mission, si complexe et si vaste, un homme ayant à la fois le saint zèle d'un curé dévoué, le cœur d'un apôtre, et en même temps la tête d'un administrateur à qui rien n'échappe, avec la main d'un directeur plein de décision, mais plein de prudence.

Parmi les excellents prêtres qui, heureusement, sont nombreux dans le diocèse de

Bourges, Monseigneur arrêta son choix sur M. Horoux. Sa Grandeur savait qu'en lui se trouvaient réunies, avec les vertus du sacerdoce, les aptitudes spéciales si nécessaires à Châteauneuf, dans les circonstances présentes.

Né le 14 novembre 1845, à Meunet-Planches, canton d'Issoudun, d'une bonne et chrétienne famille, M. Joseph Horoux fut élevé au petit séminaire de Saint-Gaultier. Il s'y montra studieux, et, pendant les années qu'il passa dans cette maison si digne, il ne cessa d'être animé des sentiments d'une vive piété. Ses maîtres le tenaient en très grande estime, à la fois pour son caractère et pour sa valeur intellectuelle. Il avait la sincère amitié de ses condisciples.

En 1866, il entra au grand séminaire de Bourges; il reçut la tonsure à la fin de l'année scolaire.

Il retourna à Saint-Gaultier en 1867, en qualité de professeur : M. le supérieur Pasdeloup, en demandant qu'il lui revînt dans ces conditions, montrait combien il appréciait ses mérites. Mais M. Horoux ne pouvait pas interrompre pendant longtemps ses études supérieures; son séjour professoral à Saint-Gaultier fut limité à l'espace d'une année.

M. Horoux passa ensuite trois ans au grand séminaire de Saint-Sulpice, à Paris. Là, comme à Saint-Gaultier et à Bourges, sa piété, son zèle et sa régularité le firent remarquer parmi les séminaristes les plus exemplaires. Dès sa première année, il fut chargé du catéchisme des filles à la paroisse.

Ordonné prêtre à Noël 1871, il fut nommé vicaire à Notre-Dame de Bourges, le 14 janvier 1872. Cette paroisse était administrée depuis bien longtemps par un respectable curé que toute la ville a connu et aimé, M. l'abbé Raymond. Cet excellent prêtre était âgé, quand M. Horoux fut placé auprès de lui. M. Horoux débutait ainsi dans des conditions qui devaient, sans plus tarder, amener le complet épanouissement de ses qualités natives et mettre en lumière sa valeur. Appelé à seconder un curé de grande paroisse urbaine, qui était déjà courbé sous le fardeau des ans, et personnellement très estimé de tous, il lui fallut autant de prudence que de zèle, autant de circonspection que de dévouement, pour remplir, à la satisfaction générale, une mission si difficile.

C'est alors que M. Horoux put surtout donner la mesure, non seulement de sa piété éclairée et de ses vertus sacerdotales qui étaient d'avance pleinement appréciées, mais aussi de ses aptitudes en matière d'administration spéciale et de son tact relativement aux relations de la vie. Tels paroissiens de Notre-Dame de Bourges, qui en ce temps-là l'ont vu à l'œuvre, le prirent en très particulière considération et lui ont par la suite toujours gardé leur amitié.

Voilà quels furent ses débuts. Il lui était réservé de se développer encore sur d'autres terrains de lutte.

Nommé curé de Sainte-Lizaigne en août 1874, il trouva cette importante paroisse dans un état lamentable. L'église était délabrée. Le presbytère criait misère. Les offices n'étaient plus suivis.

M. Horoux ne songea qu'à améliorer cet état de choses. Il y consacra six années de labeur et s'y dépensa avec toute l'ardeur de sa fervente piété. Il lui importait de ramener les paroissiens à l'église qu'ils avaient désertée. Beaucoup répondirent à ses exhortations, et lorsqu'il fut appelé à un autre poste, en 1881, il eut, en voyant un certain nombre de fidèles revenus dans cette église de Sainte-Lizaigne qu'il avait réparée de son mieux, la consolation de pouvoir se dire que ses efforts n'avaient pas été

M. L'ABBÉ HOROUX.

perdus, que ce coin de la vigne du Seigneur n'était point resté stérile en ses mains.

C'est à Bengy-sur-Craon que M. Horoux fut appelé au sortir de Sainte-Lizaigne, en 1881. Cette belle et chrétienne paroisse était dans une meilleure situation religieuse que celle qu'il venait de quitter ; il sut tirer, pour le bien des âmes, un admirable parti des bonnes dispositions qu'il eut le bonheur d'y rencontrer.

Par ses soins, Bengy eut un clocher et des cloches. N'était-ce pas, pour M. Horoux, comme une préparation à la tâche qui devait prochainement lui être dévolue ? A Châteauneuf, en effet, où il allait être appelé, l'attendait précisément l'achèvement de notre clocher magnifique.

Il pouvait disposer, à Bengy, de beaucoup d'éléments pour célébrer dignement les fêtes religieuses ; quelle joie pour lui d'en profiter ! En donnant aux cérémonies du culte un éclat que la plupart des paroisses peuvent rarement connaître, M. Horoux ne savait pas que, dans cette circonstance encore, il s'apprêtait à environner bientôt de magnificence et de pompe les fêtes qu'il aurait à présider à Châteauneuf.

Ainsi la sainte Vierge, qui précédemment avait porté M. Ducros vers la fondation de l'Œuvre de Notre-Dame des Enfants, préparait maintenant M. Horoux à diriger cette Œuvre, et à la faire brillante afin de la rendre de plus en plus utile et féconde.

L'autorité ecclésiastique avait suivi M. Horoux avec autant d'intérêt que de sympathie depuis l'origine de sa carrière. Elle l'avait distingué en raison de son zèle et de sa prudence, de sa piété comme prêtre et de sa décision heureuse comme administrateur. Voilà pourquoi le choix de Mgr l'Archevêque se porta sur lui, quand il fallut pourvoir à la vacance qui se produisait au siège de l'Archiconfrérie de Notre-Dame des Enfants.

C'est en 1886 que M. l'abbé Horoux prit la direction de cette Archiconfrérie, en même temps qu'il devenait curé doyen de Châteauneuf.

Si le vénérable M. Ducros était alors condamné par l'affaiblissement de sa santé à un repos douloureux, il avait la sainte consolation d'assister à l'épanouissement progressif de l'Œuvre qu'il aimait tant : tel un général immobilisé par de glorieuses blessures, applaudit de loin aux succès du jeune chef qui l'a remplacé dans le commandement.

M. Ducros fut de la sorte le premier malade de M. Horoux à Châteauneuf, et c'est auprès du lit de ce prêtre respecté que son successeur trouva tout d'abord l'emploi de sa charité sacerdotale.

Promptement apprécié, M. Horoux a su se faire aimer de ses paroissiens pour ses vertus, pour sa bienfaisance, pour son dévouement à tous ceux qui souffrent, pour sa clairvoyance dans la gestion des intérêts divers dont il a la garde.

Si donc on veut le caractériser au point de vue paroissial, il faut dire de lui qu'il est un prêtre d'une grande piété et d'une aussi grande régularité, et un curé de tout point exemplaire.

En ce qui concerne l'église, c'est de son temps que s'est terminé l'édifice, et le frère Hariolf a trouvé en lui, pour compléter le travail architectural, toutes les ressources qu'il pouvait souhaiter.

Le superbe ameublement de la basilique s'est en grande partie formé par ses soins.

En ce qui concerne l'Archiconfrérie, il est nécessaire et juste de noter qu'elle est maintenant toute remplie de sa pensée.

Ainsi, de même que l'église lui doit la magnificence de ses jours de fête, également c'est à son dévouement et à son activité de toutes les heures, de tous les instants que l'Archiconfrérie est redevable de sa croissante prospérité.

Cette prospérité de l'Archiconfrérie de Notre-Dame des Enfants doit d'ailleurs être spécialement envisagée comme une chose apostolique. Il ne s'agit pas d'un succès temporel, et les intérêts en cause ne sont pas de ce monde. Les enfants et les grandes personnes qui viennent se grouper autour de Marie, ce sont des âmes préservées du mal et conservées au bien.

Voilà, en effet, pourquoi M. Horoux appelle tout le monde et notamment les enfants, avec tant d'insistance.

Voué au recrutement de l'armée de la sainte Vierge, il y déploie tout son zèle, il y met tout son cœur.

CHAPITRE XIX

Nous trouvant un jour de passage à Châteauneuf, nous fîmes, comme à l'ordinaire, une
visite au presbytère.

La chère sœur qui servait de garde-malade à
M. Ducros nous expliquait, dans le vestibule,
la gravité de l'état où il se trouvait : ses forces,
disait-elle, avaient complètement disparu; il
ne pouvait plus qu'à peine se soulever sur son
lit; sa voix s'éteignait.

Nous n'osions demander à le voir, craignant
de lui imposer une fatigue peut-être dange-
reuse. Nous parlions bas, la sœur et nous.
M. Ducros entendait pourtant : il avait compris
qui était là. Il sonna. Il pria la sœur de nous
faire entrer près de lui.

Il nous regardait avec sa bonté pénétrante Son visage amaigri était comme illuminé par un sourire qui ne semblait plus de la terre.

Sa main défaillante se tendait vers nous. Avec quel respect nous l'avons pressée !

Puis il se fit que nous nous sommes trouvé à genoux, devant le lit, la tête courbée.

Nous sentions la main du prêtre mourant planer sur notre front, chargée de bienveillance, et nous avons entendu, comme dans un rêve céleste, la voix du ministre du Seigneur qui disait :

— Je vous bénis !...

Nous avions les yeux pleins de larmes, mais le cœur gonflé de confiance, et c'est avec gratitude que nous avons emporté cette bénédiction, précieuse et suprême offrande faite au nom de Dieu.

Le numéro de Juin 1888 des *Annales* de l'Archiconfrérie de Notre-Dame des Enfants parut encadré de noir. Dans un article relatant la sainte vie du vénérable prêtre se lisaient ces lignes touchantes :

« Il voyait dans la disparition des siens un avertissement que son heure était proche, et cette impression, au lieu de s'effacer, s'accentua de plus en plus avec le temps. Cette habitude

de penser à la mort entretenait en lui une élévation d'idées peu commune. On cite de lui
cette parole, lorsqu'il fut nommé chanoine le
27 août 1877 : « Si au moins cela me rappro-
« chait du ciel. »

« D'une bonté calme et sympathique pour
tous, il était en vénération dans toute sa paroisse.
Sa mort fut douce comme celle des saints. Jamais
au milieu de ses longues et pénibles souffrances on ne surprit une plainte sur ses lèvres. Il
attendait la mort avec la patience de quelqu'un
qui sait qu'elle doit bientôt venir, et il ne
sortait de son sommeil que pour entrer dans
cette méditation. Sa faiblesse, les derniers
jours, était extrême, et lorsque Mgr l'archevêque vint le voir à son lit de mort, il leva les
yeux vers lui, puis, l'ayant reconnu, il le
remercia humblément et rentra dans son silence. M. Ducros n'avait plus que deux jours à
vivre. Il expira doucement le lundi 7 mai vers
11 heures du matin, dans la soixante-douzième
année de son âge.

« On s'attendait à cette mort depuis longtemps. La nouvelle n'en fut pas moins accueillie
avec une profonde tristesse. Que dire de ses
obsèques et de la foule qui se pressait autour
de son cercueil? Elles furent un éloquent témoi-

gnage de l'universelle affection dont il était l'objet. »

Voici dans quels termes la *Semaine religieuse* de Bourges a rendu compte des obsèques du digne et cher abbé Ducros :

« Pour cette triste cérémonie, l'église avait revêtu de nouveaux et splendides vêtements de deuil ; comment peindre l'aspect funèbre de cette grande nef tendue de draperies noires aux franges d'argent, au milieu de laquelle s'élève un splendide catafalque ; l'aspect de cet autel, derrière lequel un immense voile noir à grande croix blanche laisse tomber ses plis funéraires, alors que sur le devant l'artiste a représenté la sainte Foi emportée aux cieux par les anges? Rien ne saurait exprimer le sentiment de triomphe en même temps que de douleur, qui saisit en face de ce chef-d'œuvre. — Avant la messe de l'enterrement, le corps, sur un corbillard entouré de nombreuses couronnes, traversa la ville ; une foule nombreuse, recueillie suit le vénérable pasteur dans cette dernière course à travers sa paroisse. M. le chanoine Janthiot, ancien vicaire de Châteauneuf, resté toujours attaché de cœur à cette paroisse ; M. Létant, président de la Fabrique et vice-président de la Conférence ; M. l'abbé Mallet, ancien vicaire de M. l'abbé Ducros, et le frère Hariolf portent les coins du drap. Derrière le corbillard viennent les Conférenciers de Saint-Vincent-de-Paul, la Confrérie des Mères chrétiennes, œuvres qu'il a fondées et qui l'accompagnent comme de véritables trophées. Sur le passage du cortège, la plupart des maisons sont fermées; même les incrédules ont compris que, par la mort de M. l'abbé Ducros, ils ont perdu un père, un bienfaiteur.

« Après la traversée de la ville, dans toute sa longueur, le corps a été reconduit à l'église; le saint Sacrifice est célébré par M. l'abbé Auvrelle, vicaire général, avec l'assistance de M. l'abbé Coudereau, professeur au collège de Sainte-Marie et de M. l'abbé Valin, tous deux enfants de Châteauneuf, tous deux formés au sacerdoce par M. le curé Ducros; puis, avant de donner l'absoute, M. le Vicaire général se dirige vers la chaire et prononce l'oraison funèbre, s'attachant surtout, parmi les qualités de M. l'abbé Ducros, à en mettre en lumière deux principales : la charité, la piété. La piété, dit l'éloquent orateur, elle est écrite en caractères bien autrement frappants que mes paroles, car la fondation de l'Archiconfrérie en est une preuve vivante. Du reste, M. Ducros, en même temps qu'il accomplissait tous ses devoirs de prêtre, menait une vie de religieux. Sa charité, les habitants de Châteauneuf la connaissent, et ils en ont fait maintes fois l'expérience. Tous savent avec quel zèle il visitait les malades, avec quelle générosité il secourait les indigents. M. le Vicaire général termine par un éloquent adieu au confrère et au pasteur également aimé, et souhaite que du haut des cieux il aide ses paroissiens à y arriver eux aussi.

« Après l'absoute, on se dirige vers le cimetière ; les hommes, malgré le poids du cercueil, ont réclamé l'honneur de porter leur regretté pasteur jusqu'à cette demeure... »

CHAPITRE XX

I. — L'aspect extérieur de l'église.

Nous allons visiter ensemble la belle église que la pieuse confiance des enfants et des parents a permis d'édifier à la gloire de la sainte Vierge protectrice.

Avant de pénétrer dans la basilique, examinons rapidement son aspect extérieur.

Le monument comporte, à ses flancs, deux divisions en hauteur. La division supérieure, formant étage, est établie en retrait. Il existe deux rangs de fenêtres en ogive. Les fenêtres de la division inférieure, au rez-de-chaussée, sont séparées par des piliers engagés, destinés à augmenter la force des murailles, vis-à-vis des arêtes du système de plafonnement voûté des bas côtés. A la partie supérieure sont des contreforts dégagés, disposés pour offrir, aux points voulus, une résistance efficace au repoussement des grandes voûtes de la nef principale et du chœur.

Le frère Hariolf a très ingénieusement utilisé cette armature simple et correcte, ainsi que les constructions de la sacristie et des chapelles du chevet, pour la décoration générale. En cela, il a suivi l'exemple des maîtres du moyen âge, pour lesquels toute partie nécessaire d'une construction devenait un motif d'ornement.

Arrêtons-nous maintenant, en regard de la façade, sur la place déclive qui tient lieu de parvis.

Les écrivains médiévistes se sont demandé pourquoi l'on a donné, vers le treizième siècle, le nom de « Parvis » au terrain se développant devant les cathédrales. D'après une tradition, nos aïeux auraient formé ce mot « parvis » du mot « paradis », *paradisus,* parce qu'ils voyaient dans cette place une image du Paradis terrestre qu'il faut franchir pour arriver au Paradis divin, au ciel, que l'Eglise figure en ce monde.

Et que de beautés s'offrent aux regards et se font espérer, lorsqu'on traverse le parvis! Combien on se sent encouragé, entraîné par le désir de ces Cieux dont on voit, pour ainsi parler, la sainte façade !

Nous embrassons de là, d'un seul coup d'œil, tout l'ensemble.

Une première remarque artistique s'impose d'abord à notre attention : c'est que la façade de l'église de Châteauneuf est mieux qu'une simple réminiscence du treizième siècle ou du quatorzième. C'est une œuvre originale. Non seulement on n'y retrouve pas la division en trois zones horizontales qui caractérise uniformément les cathédrales de l'ère ogivale, mais on n'y rencontre pas non plus les profils généraux toujours usités alors, même dans les édifices d'importance secondaire, principalement pour les tours et clochers. L'architecte de Châteauneuf a largement usé des motifs de construction et de décoration des maîtres du moyen âge; mais il a également utilisé les idées fournies par d'autres époques : c'est en s'assimilant en emprunts et en y ajoutant de son propre fonds qu'il a conçu un monument d'un style élégamment hybride et très particulier. Ceci est d'autant plus intéressant que généralement les productions de l'architecture moderne ne visent qu'à être des copies : l'église de Châteauneuf échappe à ce reproche.

La façade mesure **20** mètres de largeur.

Dans le sens de cette largeur, l'artiste a indiqué trois divisions verticales, motivant trois portes.

Ces divisions se dessinent au moyen de trois grandes voussures, qui encadrent trois tympans, et que surmontent trois pignons portant des statues.

A chacune des trois portes, on accède par un perron. Celle du milieu, la plus large, correspond naturellement à la grande nef, tandis que l'importance des deux autres est déterminée par la place qu'occupent les bas côtés.

Entre chacune des portes se voient, dans des niches ouvertes et symétriquement posées sur des socles, dix-huit statues de saints, sculptées en pierre, que des baldaquins abritent.

Au-dessus du fronton de la porte principale, on admire une vaste et magnifique rosace.

Cette partie est dominée par le clocher, qui est une merveille. Cinq cloches y sont installées. On parlera plus loin de leur puissante et douce harmonie, et l'on dira comment il se fait que leur poids et leur mouvement ne compromettent en rien la solidité d'une construction qui se distingue précisément par la finesse des supports, la sveltesse des arcs-boutants, la

FAÇADE DE L'ÉGLISE.

délicatesse des colonnettes, en un mot par la légèreté de l'ensemble.

Présentement la partie supérieure de l'édifice sollicite nos regards. Nous levons les yeux davantage.

Et nous voyons la région des cloches surmontée d'un double campanile à la décoration composite ravissante.

Puis, tout en haut, à 60 mètres du sol, dominant le clocher, dominant l'église, dominant le pays tout entier, apparaît le signe du salut, une Croix majestueuse.

C'est une Croix de pierre. Elle ne mesure pas moins de cinq mètres, depuis sa base jusqu'à son sommet. L'ornementation, riche et simple, fait valoir les grandes lignes et accentue en quelque sorte la signification grandiose de l'instrument de la divine miséricorde.

Combien elle termine le monument d'une façon heureuse pour les yeux, cette Croix puissante, dont l'installation à une pareille hauteur est si hardie !

Mais c'est surtout l'âme qu'elle satisfait et réconforte !

Qu'importent les vaines audaces de la malice qui rampe en bas ! La Croix domine toute chose.

Elle est le pavillon superbe de l'Eglise

catholique, contre laquelle le mal ne prévaudra jamais.

Elle est l'étendard de la Toute-Puissance.

Elle est la sauvegarde absolue et sûre de quiconque croit en Dieu et espère en Dieu.

Sur elle, l'erreur et le vice se brisent les dents et les ongles...

De tout temps, hélas! le péché a germé sur le limon de la terre; le jour où nos premiers parents commirent la première faute, l'Eternel a livré les siècles aux douloureuses incertitudes, aux doutes et aux rébellions, il a abandonné le monde aux disputes des hommes. Mais sur le gouffre ouvert, Dieu a étendu sa main, et il y a dix-neuf cents ans de cela, l'infinie pitié du Saint des Saints est descendue sur notre terre de misère.

Alors le Verbe fut méconnu, c'est vrai, dans le pays du peuple de Dieu : Les Juifs rejetèrent le Messie et le mirent à mort. Parmi les ténèbres qui enveloppèrent miraculeusement le Golgotha aux moments d'épouvante de l'agonie du Sauveur, la cohue des bourreaux se traînait comme un tourbillon de vipères.

Au-dessus de ces monstruosités errant au fond de l'ombre, se manifestait, dans un

CÔTÉ MÉRIDIONAL DE L'ÉGLISE ET PRESBYTÈRE.

éblouissement de céleste majesté, la Justice éternelle, indulgente au repentir.

Le Christ expirant sur la Croix, c'est le Maître prenant pour lui l'énorme souffrance. La douceur est inépuisable dans son Sacré Cœur. Il a amoncelé pour notre race des trésors incommensurables de pardons et de grâces.

Quel adorable mystère! Prosternons-nous et admirons...

Car, au pied de la Croix du Calvaire, la Vierge Marie, la sainte Mère, se tient debout dans sa douleur immense. *Stabat Mater dolorosa.* Elle pleure; mais elle prie.

Et au pied de la Croix de pierre, voici l'église où l'on prie Marie, afin que Marie prie pour nous...

II. — Dans l'église.

Nous montons les degrés. Nous pénétrons dans la basilique par une des deux petites portes de la façade.

Tout d'abord, nous rencontrons un tambour superbe, orné de moulures. Des sculptures le couronnent. De petites glaces de couleur, gaiement disposées, éclairent sur l'intérieur de l'église ce vestibule gracieux.

Comme le monument, outre sa porte principale, possède quatre portes usuelles, deux à la façade et une sur chacun des côtés, il a également deux doubles portes pour préserver les fidèles de l'air extérieur.

Ces tambours sont tous construits suivant un dessin analogue, pour l'harmonie générale ; mais on a évité la monotonie en variant quelques détails, et spécialement en changeant la note colorée des glaces. Les quatre édicules sont remarquablement reliés à l'ensemble.

Maintenant que nous sommes dans l'église, nous nous plaçons à l'entrée de la grande nef, et notre regard embrasse un intérieur de temple d'un effet aussi majestueux que doux. Les murailles, les piliers et les voûtes sont de construction trop récente pour avoir perdu leur blancheur primitive. Le vaisseau restera d'ailleurs lumineux, en raison de la disposition et de l'importance des fenêtres.

Dans cette claire église remplie de la bonté de Marie, et de la confiante tendresse de l'enfance, on respire un air pieux, on se sent enveloppé d'un bien-être particulier, qui donne comme l'impression d'un souffle céleste

Deux rangs de piliers puissants séparent la grande nef, large de 8 mètres, des deux nefs latérales. Chaque pilier est formé, suivant la méthode du moyen âge, d'un faisceau de colonnes dont plusieurs s'accusent, aux pôles extrêmes du plan du pilier, en saillies habilement calculées.

Une ogive subsiste entre chaque gros pilier.

Des fûts formant des colonnes allongées, se détachent des piliers sur la face de la grande nef, et montent jusqu'à la voûte. Ils traversent deux étages superposés de galeries.

La moins élevée de ces galeries a pour décoration particulière de brèves colonnes à chapiteaux, avec balcon ajouré reposant sur une corniche. Le couronnement de cette galerie se compose d'une série ininterrompue d'ogives dans lesquelles des trèfles s'inscrivent.

A l'étage supérieur sont de hautes fenêtres. Cet étage figure, comme il vient d'être dit, une autre galerie, par le moyen d'une balustrade en pierre ouvragée.

L'église donne l'impression d'une élévation considérable. La distance réelle du sol aux chefs de voûte est de 21 mètres.

La rosace que nous avons remarquée du

dehors, et qui existe au centre de la façade, est occupée par une verrière d'une grande richesse de coloration. Au-dessous de cette verrière et au-dessus de la porte principale, exactement sous le clocher, est établie une vaste tribune qui fait corps avec le monument : c'est la place réservée à la famille de Mme la duchesse de Maillé.

Des grilles en fonte ouvragée se voient dans le dallage aux deux côtés de la nef. Elles correspondent à un calorifère qui maintient dans l'édifice, pendant tout l'hiver, une température de dix à douze degrés.

Ce qu'il y a de capital dans la grande nef, c'est la chaire, ouvrage de sculpture en bois d'une importance exceptionnelle.

Cette chaire magnifique a été exécutée à Lille, dans les ateliers de M. Buisine-Rigot, elle est à double rampe, de sorte que deux escaliers conduisent à la plate-forme. Sur le panneau de face est représentée la dispersion des Apôtres partant pour aller enseigner les nations. Les quatre évangélistes se voient sur les côtés, ainsi que saint Pierre et saint Paul, et ces six figures sont là pour dire : « Voici la chaire de Vérité, d'où descend l'enseignement de Jésus conformément à l'esprit et au texte des Évangi-

INTÉRIEUR DE L'ÉGLISE, GRANDE NEF.

les, et suivant la doctrine apostolique du Prince des Apôtres, et des Docteurs de l'Eglise. » L'abat-voix est surmonté des quatre anges du Jugement sonnant de la trompette.

Dans toute la décoration, statues, bas-reliefs, motifs d'ornementation disposés avec une élégance hardie, il faut à la fois rendre hommage au mérite et à la beauté de l'ouvrage, et s'incliner devant le sentiment profondément chrétien dont l'artiste s'est inspiré. Cette chaire aux clochetons qui s'élancent jusqu'aux galeries supérieures de l'église, forme un ensemble de sculpture sur bois d'un volume rare, et compte parmi les plus parfaites.

L'éclairage de l'église est admirablement assuré pour les cérémonies du soir. Entre chaque verrière, dans les bas côtés, sont des appliques portant des lampes. D'autres appliques, plus importantes, ont été placées dans la grande nef; ces appliques de la grande nef, fixées aux piliers, sont au nombre de vingt, et chacune se compose d'une puissante lampe entourée de douze bougies.

III. — Dans le chœur.

Avançons dans la grande nef, et remontons l'allée ménagée entre les chaises des fidèles pour la circulation et les processions.

Nous voici au chœur. Il est surélevé de deux marches. Une grille dorée en fer forgé l'enveloppe et l'isole. Cette grille a été exécutée à Mehun-sur-Yèvre, par un spécialiste de beaucoup de goût M. Larchevêque. Elle se compose d'une série de roses géminées dans le sens vertical, et abondamment ajourées; entre chaque groupe de roses, s'élève une tige formant division et motivant un système de couronnement en crête.

La partie centrale du chœur est occupée par des bancs mobiles symétriquement rangés. C'est là que viennent se placer, pour les offices, les enfants de l'école des Frères, sous la surveillance du cher Directeur actuel, le digne frère Alaman, et de ses excellents collaborateurs. Les plus grands élèves sont auprès de l'orgue; on leur enseigne le chant, et ils forment comme une Maîtrise. Ces enfants nourris dans le zèle pour le bien et dans la confiance en Dieu, se font remarquer par la correction de leur attitude à l'église. Le même éloge doit être adressé aux jeunes filles instruites par les Sœurs et groupées dans la nef.

Les stalles du chœur sont dues, comme la superbe chaire, à M. Buisine-Rigot, de Lille.

Le buffet de l'orgue est du même sculpteur. Ce noble instrument de musique sacrée occupe une partie de la gauche du chœur; il en sera parlé plus loin; nous nous bornons ici à signaler son rôle décoratif : la boiserie est du style général du monument, et rappelle la fin de la période ogivale; ses principaux motifs sont des clochetons s'élevant, minces et aigus, avec une série d'aigrettes aux arêtes. Les deux clochetons supérieurs de l'orgue atteignent le niveau de la première galerie de l'église, hauteur qui est sensiblement dépassée par les clochetons de la chaire. Ces deux puissants morceaux, la chaire et le buffet, sont d'ailleurs détaillés dans la même tournure et suivant la même note.

Le maître-autel est en pierre sculptée. La face est occupée par un beau bas-relief représentant la Cène; ce bas-relief est limité à droite et à gauche par des colonnettes doubles, deux de chaque côté.

Au-dessus de la table consacrée règne une

plinthe dont l'ornementation se compose d'une guirlande de feuillages fouillés dans la pierre.

Le tabernacle est un cabinet d'or, sur la porte duquel est représenté le Bon Pasteur, avec la brebis égarée qu'il a chargée sur ses épaules et qu'il ramène miséricordieusement au bercail. Au-dessus se trouve un gracieux fronton en pierre sculptée finement, dans le style de l'église, et porté par des colonnes doubles.

Sur ces colonnes, quatre anges sculptés en pierre se tiennent debout, sveltes, dans un sentiment d'adoration. Un crucifix d'or, posé entre ces quatre anges sur un haut piédestal, domine l'édicule.

Quatre statues debout représentant les quatre Evangélistes, sont placées à droite et à gauche du tabernacle. Chacun de ces quatre apôtres est adossé à une partie pleine, formant pilastre, avec petits campaniles au-dessus de leurs têtes. Les intervalles entre les statues sont ajourés dans la partie inférieure, et réunis dans le haut, ce qui constitue une façon de rétable d'une extrême élégance, parfaitement dans la note architecturale de l'église, et se distinguant surtout par la signification religieuse.

CHŒUR ET MAITRE-AUTEL.

L'autel, à droite et à gauche, se termine par deux campaniles plus élevés que ceux qui surmontent les figures des Évangélistes, et portant cinq clochetons aigus.

L'autel comporte un système de magnifiques flambeaux dorés, qui font corps avec lui.

Cet ensemble est tellement important, que, pour le service du luminaire, l'architecte a établi par derrière, un escalier à double rampe, qui est à lui seul un très beau et très artistique perron.

Des deux côtés de l'autel, deux magnifiques candélabres dorés, portant chacun trente-six bougies, sont installés sur de beaux piédestaux en pierre.

Nous relaterons ici qu'un matin, à l'aube, au moment de l'ouverture de l'église, un spectacle s'offrit aux regards, qui était le plus lamentable et le plus douloureux qu'il soit possible d'imaginer. La porte de la sacristie était ouverte, fracturée.

Un misérable avait réussi à s'introduire dans l'église, et, promenant la lumière d'un cierge dans les ténèbres de la nuit, il s'était mis en quête des objets de prix et des vases sacrés pour les voler. Les déprédations commises par lui dans la sacristie, représentaient une valeur matérielle assez élevée.

Mais il était allé aussi au saint Tabernacle. Il avait souillé le maître-autel de son contact. Il s'était hissé jusqu'à ce lieu vénéré et mystérieux, où les saintes Espèces sont d'ordinaire conservées.

Le sinistre aventurier se souciait peu de commettre un sacrilège, pourvu qu'il emportât quelque chose des richesses religieuses. Il convoitait le saint Ciboire, et s'attaquant au Tabernacle, il était parvenu à l'ouvrir, ou plutôt à briser la porte.

Combien ont été fréquents, en ces dernières années, les vols dans les églises ! Des paroisses urbaines et des paroisses de campagne ont été dépouillées, et plus d'une fois des hosties consacrées ont été retrouvées jetées par terre, souillées de poussière : on ne saurait imaginer un événement plus navrant, et les âmes pieuses savent tout ce qu'il y a d'épouvantable dans ce mépris du Sauveur.

Il est aussi arrivé que des hosties consacrées ont disparu sans pouvoir être retrouvées : on se demande avec effroi ce qu'elles ont pu devenir, comment et dans quels lieux ténébreux elles ont été profanées, et quelles douleurs nouvelles ont été infligées à Notre-Seigneur.

Grâce à Dieu et à la Vierge protectrice, ces malheurs ne se sont pas produits à Châteauneuf. — On a soin tous les jours de mettre en sûreté le Saint-Sacrement et les vases sacrés.

IV. — La chapelle de Notre-Dame des Enfants.

Dans la ligne médiane de l'abside, derrière le maître-autel, resplendit la chapelle de Notre-Dame des Enfants. C'est un lieu de prédilection dans cette église, et le sanctuaire même de la patronne de l'Œuvre. Il convient donc que son importance soit exceptionnelle.

La chapelle de Notre-Dame des Enfants comprend à proprement parler trois chapelles distinctes réunies en une seule. Celle de la Vierge occupe le centre. A droite et à gauche sont deux chapelles secondaires, dédiées, l'une à saint Joseph, l'autre à sainte Anne, et leurs diagonales convergent vers le même point, de sorte que les trois autels sont en vue, et comme sous l'investiture de la même pensée et de la même bénédiction.

Cette chapelle triple sort de la périmétrie

normale du chevet, tout en étant partie inté-grante de l'édifice.

Au-dessus de l'autel de la sainte Vierge, la statue de Notre-Dame des Enfants, c'est-à-dire le groupe original sculpté en pierre, se détache, au milieu d'une vaste baie ogivale, sur un ciel dont la lumière est tamisée par une glace monochrome de teinte azurée.

L'architecture de cette lumineuse et brillante partie du monument mérite une mention particulière.

Élevée de deux degrés au-dessus du dallage de l'église, la chapelle en est séparée par une balustrade en fer richement ouvragée.

Une voûte à nervures constitue le système de la construction; elle est, avec un puissant développement, d'une élégance rare. La clef de cette voûte est symbolique; elle représente un pélican, traité en manière décorative, et cette image constitue un symbole de la céleste bonté maternelle qui se donne elle-même pour ses enfants terrestres.

A chaque nervure de la voûte correspond, dans la paroi, un plein motivé par une colonne avec chapiteau.

Les entre-colonnements sont occupés par

CHAPELLE DE NOTRE-DAME DES ENFANTS.

quatre grandes verrières ogivales coupées d'un meneau central dans le sens vertical, et couronnées d'une rose servant de lien aux panneaux. Chacune des verrières comporte six sujets, divisés par des motifs d'une donnée géométrique très simple et très tranquille. La note générale est lumineuse.

Or, ici les fenêtres, tout en éclairant abondamment, doivent seulement accompagner d'un encadrement calme les beautés de la chapelle. Car ce n'est pas sur ces fenêtres que l'intérêt est destiné à se concentrer.

L'attention se porte vers l'autel, et vers le groupe de Notre-Dame des Enfants qui le domine, et y est retenue.

Cet autel constitue un ensemble bien complet et savamment combiné.

La table consacrée est portée par quatre colonnettes groupées par deux aux extrémités. Dans le champ laissé libre entre ces deux groupes de supports s'inscrit une composition sculptée en bas-relief.

Nous décrirons comme suit cette composition. Un trône occupe le centre. Sur ce trône est assise la Vierge Mère. Des enfants s'approchent de l'un et l'autre côté, les plus petits en avant, et tous apportent à la Mère des mères le tribut de leurs prières : elle écoute ces supplications avec sa bonté si indulgente et si rassurante, et certainement elle les exaucera, parce qu'elle ne rejette jamais les demandes justes et sages formulées par des cœurs purs.

Le Tabernacle, affectant une disposition analogue à celle de l'autel, a sa porte circonscrite par de petites colonnettes géminées. Au-dessus du couronnement immédiat de cette porte, un Christ doré se détache sur le fond blanc d'une niche peu profonde. L'autel tout entier est d'une blancheur virginale. Ainsi le Christ s'affirme en valeur vigoureuse, et fait contraste avec l'aspect de paix candide dont l'autel est revêtu comme d'un voile. Tout au sommet de l'édicule surmontant le Tabernacle, l'Ange des bons conseils paraît à mi-corps, et, levant le doigt vers la statue de Notre-Dame des Enfants, dit : « Voici votre Mère ! »

A droite et à gauche de l'autel sont deux colonnes portant deux Anges aux ailes éployées. Chaque colonne soutient en outre trois statuettes symboliques.

Entre les deux colonnes règne un ravissant rétable. Il repose sur une plinthe. Une corniche ouvragée le couronne. Il se forme de deux parties distinctes, séparées [par l'édicule] du tabernacle. Il comprend deux tableaux sculptés en bas-relief, et composés à la gloire de la bonté de Notre-Dame des Enfants.

Notre-Dame des Enfants, voici maintenant sa statue, ou plus exactement voici le groupe dont elle est la grande et très sainte figure.

Combien ce groupe nous apparaît ici consolant et fortifiant, posé sur des nuages, dans la franche lumière de la fenêtre établie au-dessus de l'autel! Sur lui, dès que l'on approche, se dirigent et se fixent les regards.

Ce qui attire de son côté, c'est sa signification, qui est grande comme la Foi, bonne comme l'Espérance.

Et ce qu'il y faut voir, c'est la protection d'en haut, descendant sur cette terre en rosée bienfaisante; c'est Marie qui protège; c'est l'enfance qui est protégée.

Telle est la vérité supérieure dont quiconque contemple ce groupe a la conception.

Ces enfants qui se pressent aux genoux de la sainte Mère ont pour elle une dévotion que reflètent leurs naïves attitudes. Ils l'aiment. Et leur amour est fait d'admiration, de reconnaissance et de sécurité. Sa majesté surnaturelle ne les terrifie pas; elle les rassure au contraire, et ils mettent leur bonheur à se sentir sous une tutelle dont l'efficacité s'étend indéfiniment, et ne peut avoir d'autres limites que celles du bien et du bon.

Quel que soit l'aspect où ce groupe se présente, soit à la chapelle de la sainte Vierge, soit au fronton de l'église, soit dans ses reproductions et réductions ou dans les gravures qui ont tant contribué à le populariser, l'idée qui s'en dégage est bien parfaitement celle de l'Œuvre de Châteauneuf; c'est bien la sainte Mère protectrice, Notre-Dame des Enfants, la Vierge puissante, la Vierge clémente, qui prie pour ceux qui la prient : *Virgo potens, Virgo clemens, ora pro nobis.*

V. — Les bas côtés. Les verrières.

Au sortir de la chapelle de la sainte Vierge, les yeux se promènent sur les nombreux ex-voto, qui forment la plus touchante des décorations, dans cette chapelle même, et sur les murailles de l'abside, ainsi que sur les parois des bas côtés.

Quoique l'église ne soit édifiée que depuis peu d'années, les grâces qui ont été accordées par Notre-Dame des Enfants atteignent déjà un chiffre admirable. Que ne peut-on les connaître toutes! Nul ne saura jamais le nombre des prières exaucées, l'importance des vœux favorablement accueillis : c'est le doux secret de la Vierge Marie.

Cependant beaucoup d'associés, de parents, d'enfants, favorisés de bienfaits spéciaux, ont voulu que l'expression de leur gratitude fût inscrite sur des plaques de marbre, ou, plus souvent encore, consignée sur les registres de l'Archiconfrérie. Il y a un beau reflet de ces registres dans les *Annales*, où se lisent chaque mois tant de lettres de reconnaissance. Relativement aux ex-voto, il convient de noter qu'ils contribuent de la façon la plus heureuse à l'embellissement de l'église ; toutes ces plaques de marbre blanc uniformément disposées et préparées sur un même modèle, sont d'un goût exquis.

A la partie méridionale de l'abside, est une chapelle remarquablement ornée ; elle est éclairée par une fenêtre géminée contenant un beau vitrail dédiée au Sacré-Cœur.

En face, c'est-à-dire sur le côté septentrional de l'abside, se trouve une autre chapelle dont les deux vitraux représentent l'un saint Osmond, de la famille de Mme la duchesse de

Maillé ; l'autre sainte Jeanne-Marie de Maillé, dont le nom indique les attaches familiales. Cette chapelle a été entièrement décorée par les soins et aux frais de M. le duc et de Mme la duchesse de Maillé : Il convient d'ailleurs de noter que les riches témoignages de leur pieuse générosité se rencontrent de toutes parts dans l'église.

Les deux nefs sont ornées d'un splendide Chemin de la Croix et d'une riche série de verrières.

Une observation s'impose au sujet de l'ornementation générale de l'église de Châteauneuf : il s'y voit plus d'opulence qu'on n'en trouve d'ordinaire dans les édifices religieux contemporains, même lorsqu'ils sont importants ; ce fait porte éloquemment témoignage en faveur des sentiments d'ardente piété et de reconnaissance, des fidèles qui ont placé leur confiance dans la protection de Notre-Dame des Enfants.

Mais l'unité du système d'ornementation contribue puissamment à mettre en valeur toute chose.

Ce qui est beau gagne à être disposé suivant certaines règles. Si l'on juxtapose sans méthode des motifs décoratifs qui, pris isolément, peuvent avoir chacun leur mérite, ils se nuisent par un rapprochement intempestif. Mais si l'on sait, au contraire, tirer parti des éléments dont on dispose, chaque objet, alors, prend le relief dont il est susceptible, et concourt en même temps de la manière la plus avantageuse au bon aspect général. L'église de Châteauneuf doit donc beaucoup à l'ordre méthodique si parfait qui a présidé, non seulement à sa construction, mais encore à sa décoration, en faisant entrer tous les détails dans la conception harmonique de l'ensemble.

L'abondance des vitraux de Châteauneuf est motivée par le système architectural adopté; si cette église était éclairée par des glaces incolores, la lumière y serait d'une crudité qui se supporterait mal.

Les vitraux de Châteauneuf ont été exécutés par M. Laubin, de Tours.

A droite sont peints, dans la série des cartouches qui se suivent de verrière en verrière, les principaux épisodes caractéristiques de l'Ancien Testament.

L'histoire divine du Nouveau Testament se déroule à gauche.

Ainsi l'on revoit, comme à travers des fenêtres ouvertes sur le passé de la race humaine, toutes les grandes étapes de la voie parcourue par nos lointains ancêtres, depuis le Paradis terrestre jusqu'à la Rédemption, et de toutes ces prodigieuses étapes, la plus douloureuse à la fois et la plus consolante est celle qui aboutit au Chemin de la Croix.

CHAPITRE XXI

Châteauneuf a cinq cloches.

Le bourdon, qui pèse **3,600** kilos, a été posé en 1886.

Les quatre autres cloches avaient pris leur place trois ans plus tôt, en **1883**. Elles furent solennellement bénites en cette même année, par Mgr l'archevêque de Bourges.

La plus grosse de ces quatre cloches pèse **2,300** kilos; elle est en *do;* elle a été bénite sous le vocable de Notre-Dame des Enfants; son parrain fut M. le comte Armand de Maillé, député de Maine-et-Loire, aujourd'hui sénateur; et sa marraine fut Mme la duchesse de Maillé.

La cloche suivante pèse **1,650** kilos, elle est en *ré;* bénite sous le vocable de saint Joseph. Elle eut pour parrain M. le duc Artus de

Maillé, et pour marraine Mlle Yvonne de la Chapelle.

Puis vient une cloche de 1,050 kilos, en *mi*, bénite sous le vocable de saint Pierre ; parrain, M. Bidon de la Prévôterie, marraine Mme de Bosredon.

La moins grosse cloche pèse 600 kilos, elle est en *sol* ; elle a été bénite sous le vocable de sainte Anne ; M. l'abbé Ducros fut son parrain, et Mme Perdoux, née Létant, sa marraine.

Ces cloches ont été fondues à Saint-Emilion (Gironde), par M. Vauthier.

Les *Annales* rendent compte en ces termes de la cérémonie de la bénédiction, qui eut lieu le dimanche 14 octobre 1883, en présence d'une très grande foule :

« A deux heures précises, Mgr l'Archevêque, assisté de M. le Vicaire général Blanchet, de plusieurs chanoines et d'un nombreux clergé, est reçu à la porte de l'église par le vénérable doyen de Châteauneuf (M. Ducros).

« Les cloches sont placées sous la première travée de la grande nef, montées sur une seule ligne. Elles sont couronnées de fleurs, et revêtues tout entières de riches dentelles blanches, qui laissent apercevoir les inscriptions et admirer les délicatesses de leurs ornements...

« A côté d'elles sont rangés les dons des parrains et marraines, ostensoir, ornements, candélabres, thabor, écharpes, etc., etc., riches offrandes destinées à marquer la date du baptême, et à rehausser la splendeur du culte chrétien.

« M. le Vicaire général Blanchet monte en chaire, et, dans un éloquent discours, il fait en raccourci l'historique de la fondation de l'Archiconfrérie. On ne peut être mieux inspiré que ne l'a été M. le Vicaire général, quand, à la fin de ce tableau, rappelant toutes les merveilles enfantées par cette Œuvre dans les âmes, et montrant ce sanctuaire tout comblé des splendeurs de la foi et de la piété chrétienne, il s'écrie : *A Domino factum est istud.*

« Sans doute, il y avait là des matériaux choisis pour édifier l'Œuvre ; Dieu qui fait tout avec sagesse et mesure les avait préparés de loin : une cité encore foncièrement chrétienne, malgré les apparences contraires, des cœurs larges et magnifiques dans leurs dons, un saint prêtre, un humble moine... c'était là de belles pierres pour bâtir ; mais l'ouvrier qui a conçu l'œuvre, qui l'a exécutée et qui sans cesse lui donne croissance, c'est Dieu, Dieu seul : *A Domino factum est istud.*

« **Puis**, avec une grande hauteur de pensées, il montra la cloche vivant de notre vie chrétienne, chantant et pleurant avec nous, rappelant son devoir au chrétien, troublant le cœur de l'impie, et termina, en la proclamant, la voix de Dieu qu'il faut toujours écouter sans endurcir nos cœurs, pour trouver le chemin du ciel. »

Après ce sermon, les longues cérémonies de la bénédiction ont été accomplies.

La sonnerie de Châteauneuf est d'une beauté rare. Tout concourt à faire ressortir la qualité du son : la construction même du clocher et la conception du beffroi qui porte les cloches.

Il faut dire ici que le frère Hariolf a imaginé et progressivement perfectionné un système spécial de suspension des cloches, qui présente le double avantage de faciliter la mise en branle et de charger aussi peu que possible les clochers.

Cette suspension, dont la propriété est garantie par un brevet, a été appliquée en ces dernières années par le frère dans plusieurs départements, notamment dans le Cher, l'Indre, l'Allier, la Gironde, l'Eure-et-Loir, l'Eure, l'Yonne, Saône-et-Loire. Les hommes spéciaux comme les ecclésiastiques en font le plus grand cas. Dans un dossier de documents relatifs à cette question que nous avons sous les yeux, nous voyons notamment une note de M. l'abbé Horoux. M. le curé doyen de Châteauneuf, directeur de l'Archiconfrérie, s'y déclare heureux d'affirmer qu'il est complètement satisfait du système inventé par le frère Hariolf, système récemment appliqué à l'une des grosses cloches ; cette cloche avait d'abord été suspendue suivant une méthode qui était déjà supérieure aux anciennes. « Il fallait alors, dit M. Horoux, deux enfants assez forts pour la sonner ; aujourd'hui un seul enfant de neuf à dix ans la sonne très facilement, et, une fois lancée, l'entretient avec une main ; laissée à elle-même, elle se maintient très longtemps en mouvement... »

Une lettre écrite par un architecte de Paris d'une haute expérience en matière d'édifices diocésains, contient notamment ces lignes : « Le frère Hariolf est inventeur d'un système pour la sonnerie des cloches qui me paraît être le meilleur de tous ceux connus à ce jour. » Cet architecte ajoute que ce système, comparé aux derniers qui ont été inventés, offre des avantages incontestables et qu'il le préfère de beaucoup.

La facilité de sonner obtenue par le frère « vient de ce que, dans le mouvement comme au repos, quelle que soit la grosseur de la cloche, ses tourillons n'ont sur la suspension qu'une adhérence de un millimètre sur une longueur de cinq centimètres, et sans frottement. Une longue durée est d'autre part acquise à l'appareil, par une trempe spéciale que l'inventeur fait subir aux pièces de la suspension et aux tourillons des cloches, trempe qui les rend inattaquables au burin et à la lime, en laissant aux fers toute sa souplesse pour ne pas se briser aux chocs. »

C'est à Notre-Dame des Enfants que nous rendons hommage en signalant ces faits : c'est Elle en effet qui a choisi le Frère Hariolf pour construire son sanctuaire de Châteauneuf-sur-Cher, et c'est Elle sans doute qui le guide dans toutes ses œuvres pour la gloire de Dieu.

CHAPITRE XXII

Le Chemin de Croix de l'église de Châteauneuf a été exécuté dans les ateliers de l'Institut de Vaucouleurs, sous la direction de M. Pierson. Il forme la suite la plus importante et la plus saisissante qu'on puisse voir.

Les magnifiques tableaux qui le composent sont établis en terre cuite. Les personnages sont modelés en haut relief; ils sont peints au naturel, mais avec des tons un peu atténués, comme il convient pour des ouvrages qui ont à donner un effet décoratif dans un ensemble architectural. Il faut se souvenir que les figures de ronde bosse, de haut relief et de bas-relief placées à l'intérieur des églises aux treizième et quatorzième siècles, étaient ordinairement peintes, comme du reste étaient peints presque tous les motifs d'ornement. Le Chemin de Croix de Châteauneuf est donc exactement dans la tradition. Seulement il est peint au moyen de couleurs vitrifiées, et par conséquent inaltérables, avantage que n'avaient pas les peintures du moyen âge.

Chaque tableau ou station du Chemin de Croix de Châteauneuf mesure, en y comprenant le cadre qui est également en terre cuite, **2** mètres **50** sur **2** mètres **10**.

Au-dessus de chaque station s'élève une Croix.

La Croix! Toujours le grand spectacle de la Rédemption.

La cérémonie de la bénédiction de ce Chemin de Croix a été faite le **12** août **1888** par Mgr Auguste Marchal, évêque de Sinope. Voici en quels termes les *Annales de l'Archiconfrérie* en ont rendu compte :

« M. l'abbé Horoux, curé doyen de Châteauneuf, n'avait rien négligé pour donner un grand éclat à cette fête. Un nombre considérable de jeunes chanteurs et chanteuses avait été réuni. M. l'abbé Baguet, curé de Venesmes, dont tout le diocèse connaît et admire le talent musical, leur prêtait l'appui de sa direction et de sa voix : avec un tel maître, les chants ne pouvaient être que fort beaux; aussi avons-nous d'abord entendu les vêpres en faux-bourdon fort bien exécutées, puis, avant la bénédiction des Croix et après, un fort beau morceau emprunté à la *Rédemption* de Gounod.

« Les vêpres finies, le R. P. X..., S. J., monte en chaire : il prend pour texte ces paroles de saint Paul : *Opportet illum regnare.* La royauté de Jésus-Christ sur le monde est un droit, et ce droit a deux sources : la création et la conquête ; c'est une nécessité, et du moment où Jésus-Christ manquerait au monde, le monde périrait. A nous donc d'affirmer cette royauté et particulièrement sur la France, la fille aînée de l'Église.

« Mgr l'évêque de Sinope procède alors à la bénédiction des croix portées chacune par trois jeunes filles vêtues de blanc et d'écharpes rouges ; puis commence avec la foule recueillie et suppliante cet exercice du chemin de la croix dont chaque scène éveille dans l'âme de si grandes et si saintes pensées. Un frémissement court dans la foule quand un chœur nombreux, soutenu par l'orgue, redit après chaque récit les supplications à la Mère des douleurs : *Sancta Mater istud agas, crucifixi fige plagas cordi meo valide.* Mais cette foule énorme où nous distinguons un grand nombre d'hommes, cette foule si pieuse, si silencieuse, priant avec tant d'ardeur, est bien belle aussi, et Mgr l'Évêque de Sinope tient à redire ce qui est dans tous les cœurs, c'est le bonheur et la confiance que donne un pareil spectacle. Sa Grandeur témoigne aussi combien est grande son admiration pour le nouveau chemin de croix, puis dans un délicat rapprochement, elle rappelle que c'est à M. le curé Ducros qu'est due l'idée de doter l'église de Châteauneuf d'un chemin de croix répondant au reste du monument, mais cette idée, la réalisation en appartient à M. l'abbé Horoux, et il lui a donné une richesse que l'on n'avait jamais osé espérer.

« Sa Grandeur termine par une exhortation à parcourir souvent ces stations qui redisent si vivement les grandeurs et l'amour si incompréhensibles de Dieu.

« La bénédiction du très saint Sacrement, pendant laquelle on entend de très beaux morceaux, termine cette cérémonie qui laissera dans le cœur des nombreux assistants de longs et salutaires souvenirs.»

CHAPITRE XXIII

BÉNÉDICTION DE L'ORGUE.

La bénédiction de l'orgue a eu lieu en 1889, à l'occasion de la Fête du Pèlerinage. Mgr Auguste Marchal, évêque de Sinope, présidait.

L'orgue de Châteauneuf, dû à l'initiative de M. le curé doyen Horoux, sort des ateliers de la maison Cavaillé-Col; il comprend seize jeux, vingt-deux registres, deux claviers de dessus et un pédalier. Nous avons vu précédemment que le magnifique buffet en chêne a été sculpté à Lille dans les ateliers de M. Buisine.

C'est un artiste de Paris, M. Albert Serre, qui tenait l'orgue le jour de l'inauguration.

Mgr de Sinope a prononcé une éloquente allocution, dans laquelle Sa Grandeur a commenté ces paroles du Prophète : *Vous louerez le Seigneur par vos chants, vos cantiques, avec les instruments à cordes et au son de l'orgue.*

« Après avoir établi que la parole, qui a été donnée à l'homme pour manifester sa pensée, est parfois impuissante à exprimer un certain ordre de phénomènes que l'on désigne sous le nom générique de sentiments, et que la musique, par ses formes moins déterminées et moins précises, lui vient efficacement en aide, Monseigneur poursuit à peu près en ces termes :

« Or, quand le sentiment a-t-il besoin d'une expression qui le soutienne sans le contenir, qui lui ouvre l'espace sans le limiter, si ce n'est lorsqu'il est religieux, c'est-à-dire lorsqu'ayant Dieu pour objet, il a en lui-même quelque chose d'infini? Aussi, la Religion chante toujours. Debout sur une tombe, comme à l'autel, elle chante encore. Il faut des chants à la profondeur de sa foi, aux élans de ses espérances, aux transports de sa charité. Au souffle de son inspiration naissent ces formules graves, respirant pour ainsi dire l'infini, qu'elles expriment, par ce qu'elles ont de vague, d'indéterminé, de libre dans leur mouvement. En les pénétrant de son esprit, elle y met le calme et la majesté qui lui sont propres; elle y met son souffle puissant, mais contenu; elle y met surtout cette onction pénétrante qui remue

les cœurs les plus froids, et qui faisait dire à
saint Augustin, au souvenir des assemblées de
l'Église de Milan : « A ces hymnes, à ces canti-
« ques célestes, quel torrent de pleurs faisaient
« jaillir de mon âme violemment remuée les
« suaves accents de votre Église ! Ils coulaient
« dans mon oreille et versaient votre vérité dans
« mon cœur ; ils soulevaient en moi les plus vifs
« élans d'amour ; et mes larmes roulaient, lar-
« mes délicieuses ! »

. « Mais là ne s'arrête pas le génie créateur de
l'Église. Il fallait à ce chant d'un caractère si
religieux un type extérieur, un emblème, un
symbole de sa constitution, comme lui exclusi-
vement propre au culte, sacré par sa structure
comme par sa destination et revêtu de certains
caractères de souveraineté et de royauté ; qui,
enfin, réunisse en lui toutes les voix de la
nature pour en faire, sous la main de l'artiste,
un concert magnifique à la gloire du Très-
Haut. Ce type, ce symbole du chant ecclésiastique, voix et orchestre tout ensemble,
instrument monumental, faisant corps avec le
temple comme organe du sentiment religieux,
c'est l'orgue, produit, non du génie d'un seul
homme, mais d'une époque et d'une civilisation
tout entière, centre vers lequel convergent tous

les rayons de la science pour lui en faire une auréole.

« Son caractère est, en effet, celui du chant religieux. Grave, d'une sonorité continue, sans inflexion, sa voix est majestueuse, éveillant le sentiment de l'infini plutôt que les impressions changeantes de l'ordre purement humain. Aussi n'est-il à sa place que dans nos temples. Comme un fleuve qui roule ses vagues retentissantes, il entraîne les âmes dans son cours avec une puissance irrésistible : il est le roi des instruments. Enfin, il réalise le vœu du prophète invitant toutes les créatures à chanter la gloire de leur Auteur. Ainsi, lorsque l'air, cet élément qui vous fait respirer et parler, aspiré, et chassé alternativement par d'énormes soufflets, se condense dans les sommiers pour s'épandre ensuite et ruisseler dans ces grands tubes de métal qu'il anime et dont il fait autant de voix chantantes, l'orgue n'est-il pas alors comme la personnification de la création tout entière ? On retrouve effectivement, dans les différents jeux de l'orgue, les tons les plus variés, les caractères les plus tranchés, depuis la voix aérienne de l'oiseau et les grondements du tonnerre, jusqu'à ces rumeurs confuses qui surgissent parfois de la profondeur des forêts. Tous les

bruits de la nature sont donc ici, et tous s'y
fondent en une harmonie puissante qui tantôt
prosterne l'âme dans l'adoration, tantôt l'abat
dans la douleur, tantôt la relève dans un doux
sentiment de tendresse pieuse, produisant en
elle je sais quel rafraîchissement intime, quel
apaisement des passions qui révèle le voisinage
et l'action de Dieu. C'est ainsi que la musique
religieuse, qui trouve dans l'orgue sa plus complète expression, vient en aide à la Religion
dans la sanctification des âmes. »

Après avoir prononcé son beau discours,
Monseigneur est descendu de la chaire et est
allé se placer devant l'orgue. Sa Grandeur a dit
les prières d'usage, puis Elle a aspergé l'instrument. Alors l'orgue, se faisant entendre pour
la première fois, a chanté de toutes ses voix
une marche triomphale en l'honneur de Marie.

CHAPITRE XXIV

Nous avons suivi, dans les chapitres qui précèdent, l'Œuvre de Notre-Dame des Enfants depuis son origine jusqu'à son brillant épanouissement; nous avons assisté à la naissance de l'Archiconfrérie; nous avons admiré l'église de Châteauneuf et sa décoration.

Il nous reste à constater que chaque année voit croître la foule des visiteurs et la multitude des associés.

C'est la réponse à ceux qui prétendent que la Religion décline et que la Foi se meurt.

L'époque où nous vivons est certainement féconde en tristesses, et les défaillances sans doute sont nombreuses. Plusieurs même, qui ne sont pas positivement dans cet état qu'on décore du nom si vain de libre-pensée, sont malheureusement gagnés par l'indifférence.

Ceux qui travaillent à arracher de l'âme des

enfants toute notion religieuse, le font précisément sous le couvert fallacieux de la liberté de la conscience.

Soit pour essayer de se faire illusion à eux-mêmes, soit plutôt pour attirer à eux, par esprit d'imitation, les vulgaires moutons de Panurge qui constituent leur troupeau, ces meneurs d'une mauvaise entreprise se mettent de temps en temps à crier aux échos qu'ils réussissent à « déchristianiser » la France, et que les populations cessent d'être croyantes. Ces affirmations sont mensongères.

Voyez le Sacré-Cœur de Paris. Ce temple immense et magnifique vient d'être édifié par la Foi de la France tout entière : Si la France ne croyait plus, est-ce qu'elle aurait fourni les ressources colossales qui servent à édifier ce monument de sa croyance ?

Voyez notre église de Châteauneuf. Cette belle basilique a été bâtie aussi par la Foi publique, et d'abord par celle des enfants. Par elle, on a l'assurance que les chers enfants de ces écoles dont on veut éloigner la croyance et chasser l'espoir, croient plus que jamais et espèrent mieux que jamais, puisqu'ils ont été les premiers à donner pour la construction d'un sanctuaire à Notre-Dame, leur patronne.

Combien d'autres exemples on pourrait citer !

Il est vrai que les désastres causés par la
libre-pensée, sont nombreux et graves.

Par contre, la piété, sans cesse à la hauteur
des nécessités qui s'imposent, semble avoir
grandi, ou du moins elle s'est faite plus active
et plus militante pour refouler l'invasion du
mal.

Et l'on peut dire que c'est la sainte Vierge
qui est elle-même intervenue pour réconforter
les Chrétiens de France et les encourager. Mais
si elle a fait cela, n'est-ce pas parce que la
France, comme portant le vieux titre si glorieux
de nation très chrétienne, a le douloureux
privilège d'être le centre des efforts de la libre-
pensée ?

La sainte Vierge a donc multiplié les témoignages apparents de sa protection en faveur de
notre patrie. Elle s'est manifestée sur divers
points du territoire menacé par l'impiété.

A Lourdes, où des foules innombrables ad-
mirent combien elle est bonne aux navrés qui
l'implorent, certains chefs de l'incrédulité ont
pris à tâche de l'aller braver : ils venaient
remplis d'ironie, se flattant d'un triomphe
facile, et escomptant d'avance leur audace ; la

Mère des grâces a confondu aux yeux de tous leur prétendue science et leur orgueil téméraire.

A Châteauneuf, c'est une forteresse et un refuge qu'il lui a plu d'établir pour quiconque a besoin de protection, et spécialement pour l'enfance.

Elle y appelle la cohorte admirable de ceux qui croient. Ils y viennent en foule. Ils s'y rendent à toutes les époques de l'année : il est naturel pourtant qu'ils soient plus nombreux aux dates indiquées pour les deux grandes fêtes, la Fête patronale, et surtout la Fête du Pèlerinage.

Il est singulièrement touchant de les voir alors se hâter sur tous les chemins, et remplir les wagons venant du Nord et du Midi.

La ligne de fer suit cette vallée plantée de peupliers et de saules et occupée par des cultures variées au milieu desquelles serpentent les eaux claires de la rivière.

De la gare de Châteauneuf, le regard embrasse toute la petite ville, qui couvre une étendue de deux kilomètres.

Au delà du vallon et de la ville, se dresse une colline occupée à gauche par le château, et à droite par l'église dont le clocher de pierre sculptée domine tout le pays.

CHAPITRE XXV

UNE FÊTE PATRONALE.

(2 février)

Comme il a été dit précédemment, la Fête du Pèlerinage de Notre-Dame des Enfants est fixée annuellement au dimanche qui suit le 15 août, et la Fête patronale se célèbre chaque année le **2** février.

Cette date du **2** février avait été choisie à l'origine par M. l'abbé Ducros, en l'honneur de la Présentation de Jésus-Christ au Temple de Jérusalem et de la Purification.

La Fête d'août se prête mieux sans doute au développement somptueux des cérémonies.

Celle de février offre toujours un intérêt d'un ordre spécial, parce que c'est à ce moment que l'on examine la situation de l'Archiconfrérie

Il est d'usage, dans les affaires humaines,

d'arrêter les comptes à la fin de chaque année ; on revoit alors, en clôture d'exercice, et l'on totalise les opérations des douze mois précédents, afin de s'assurer de l'état de prospérité où l'on se trouve.

Ce qui se fait, par mesure d'ordre et par régularité, dans une simple maison commerciale, doit à plus forte raison se faire également dans la Maison de Dieu et de la sainte Vierge.

Chaque année donc, lorsque vient janvier, M. le Directeur de l'Archiconfrérie établit le bilan des prières, des supplications, des recommandations adressées à Notre-Dame des Enfants. Car tel est, nous ne saurions trop le redire, le but de l'Œuvre. L'Archiconfrérie a été instituée pour appeler la protection de la sainte Vierge sur les personnes qui la sollicitent. C'est pour cela uniquement qu'elle travaille, et son degré de prospérité s'évalue par le nombre et l'importance des grâces demandées et des faveurs obtenues.

Le compte du bien accompli dans le cours d'une année ayant été fait de la sorte, M. l'abbé Horoux présente ce compte le **2** février, en disant combien de fidèles se sont adressés à **Notre-Dame des Enfants.**

Le plus souvent, au **2** février, le ciel est gris

et la bise mordante ; parfois les campagnes sont couvertes de neige. C'est dans tous les cas l'époque où l'on ne voyage pas par plaisir, où l'on ne se déplace que pour affaires.

Précisément la prière est pour les chrétiens l'affaire la plus importante. C'est pourquoi des pèlerins, en nombre très satisfaisant, ne manquent jamais de venir se joindre aux habitants de Châteauneuf pour prendre part à la Fête patronale.

Plusieurs messes de communion sont dites dès la première heure ; deux sont spécialement destinées : l'une aux Enfants de Marie, l'autre aux Mères chrétiennes.

La grand'messe est célébrée à dix heures, avec beaucoup de solennité. L'après-midi, aux Vêpres, il y a sermon et procession dans l'église.

A la grand'messe, M. l'abbé Horoux, curé doyen de Châteauneuf et directeur de l'Archiconfrérie, monte en chaire.

Les résultats dont il a à rendre compte sont heureux. Il prend la parole avec un pieux contentement, et sa pensée, précise et nette, se développe ainsi :

« Entreprendre de faire connaître les faits qui concernent l'Archiconfrérie de Notre-Dame des Enfants serait essayer l'impossible.

« Comment, en effet, redire les supplications d'une foule innombrable de cœurs, supplications partant de tous les points de la France et de beaucoup de pays étrangers, et adressées à Celle qui est la Consolatrice de tous?

« Comment redire en outre les bénédictions sans nombre que cette Reine des Cieux verse sur les cœurs confiants?

« L'histoire de toutes ces prières et de toutes ces grâces, si l'on pouvait la faire, ce serait l'histoire d'une foule de mères, de maîtres et de maîtresses qui, se sachant responsables des âmes confiées à leurs soins et voulant prévenir les dangers inhérents à une si belle mais si grande responsabilité, viennent confier à leur commune Mère ces trésors qu'il leur importe de garder pour l'éternité.

« Oui, le récit des actes de l'Œuvre de Notre-Dame des Enfants est vraiment l'histoire de tous les cœurs qui, soucieux des devoirs à remplir, quelques-uns inquiets et plusieurs même brisés, sont venus demander à la Consolatrice des affligés le courage et la paix.

« C'est l'histoire des enfants bien dirigés et heureusement attentifs à mettre sous la protection de leur Mère du Ciel, leur vie, leur innocence, leur salut, ou soucieux de demander çette même assistance céleste pour des parents bien chers.

« C'est l'histoire aussi d'une multitude d'âmes coupables qui, accablées par leurs fautes ou tremblantes en face de l'éternité, ont eu recours au repentir et sollicité le pardon du Refuge des pécheurs.

« C'est en un mot l'histoire de toutes les tendresses et de toutes les espérances, comme de toutes les craintes, de toutes les désillusions, de toutes les douleurs.

« C'est pour tout dire l'histoire de tous les trésors de lumière, de consolation, de force, de bénédictions temporelles, et de pardons obtenus pour ses enfants par la plus puissante et la meilleure des mères.

»Cette histoire, c'est la vôtre !

« La redire, c'est par conséquent redire l'histoire de votre cœur, à vous, ô mères qui m'écoutez ; c'est raconter tous les battements, tous les dévouements, tous les soucis de ce cœur.

« C'est redire vos veilles, vos longues prières, votre foi profonde, toutes vos luttes pour arracher aux dangers du monde et à l'enfer ces âmes que Dieu vous a confiées, et que vous voulez conserver ou reconquérir à l'innocence et au ciel.

. « Marie a voulu attirer à elle, et par elle à son divin Fils tout ce qu'il y a sur terre de plus doux et de plus fort, la mère ; tout ce qu'il y a de plus gracieux, de plus aimant, de plus puissant sur le cœur d'une mère, l'enfant ; et, par la mère, par l'enfant, refaire le monde.

« Heureux le foyer où il y a une âme qui croit à Dieu, aux destinées éternelles, une âme qui veut monter jusqu'à Dieu, une âme pure et dévouée !

« Et heureux le foyer où cette âme est celle d'une mère !

« Toute famille où se trouve une telle âme, une telle mère, sera bientôt, je vous le déclare, trempée dans la foi, dans l'amour, dans la pureté, dans le désir du ciel : On ne résiste pas à l'action d'une mère, quand cette action est inspirée et soutenue par Dieu même.

« Oh ! qu'il l'avait bien compris, celui à qui Marie a inspiré cette dévotion, votre saint M. Ducros ! Il semble que la très sainte Vierge lui ait révélé son cœur, en même temps qu'elle lui faisait connaître toutes les tendresses, toutes les ressources du cœur des mères, toute leur puissance sur leurs enfants, comme tous leurs graves devoirs en présence des immenses besoins de notre époque. Aussi vous savez comment il a dépensé sa vie, et usé avant l'heure une robuste santé, pour glorifier Marie et, par elle, sauver les enfants.

« Ils entendent le saint appel, tous ceux qui, chaque jour, s'adressent à cette protectrice de l'enfance, à cette véritable et si aimante Mère, à Notre-Dame des Enfants.

« Pendant l'année qui vient de s'écouler, il y a eu à l'Archiconfrérie deux cent onze mille inscriptions nouvelles ; c'est un total de deux cent onze mille noms à ajouter à tous ceux qui figurent déjà sur les registres. Et dans ce chiffre, on compte comme de simples unités les groupes de maisons d'éducation et de paroisses.

« Ecoutez maintenant le relevé des supplications, qui, dans le courant de cette même année, se sont élevées de ce sanctuaire et ont été adressées à Notre-Dame des Enfants par l'intermédiaire de l'Archiconfrérie :

7.000 bonnes œuvres ;

2.400 maisons religieuses ;

7.000 conversions ;

700.000 enfants ;

35 évêques et diocèses ;

850 examens ;

12.500 familles ;

30.000 grâces temporelles et spirituelles ;

90 hospices ;

71.000 jeunes gens et jeunes filles ;

19.000 écoles et maisons d'éducation ;

22.000 malades ;

800 militaires ;

350 missions et retraites ;

17.500 mourants ;

700 neuvaines ;

27.000 paroisses et curés ;

62.000 pères et mères de famille ;

15.000 personnes affligées ;

14.400 premières communions ;

732 procès ;

950 réconciliations de familles ;

21.500 religieux ou religieuses ;

45 séminaires ;

720 entreprises importantes ;

3.700 bonnes morts ;

7.000 défunts.

Après avoir donné connaissance de ces chiffres généraux, qui proclament si haut la confiance d'un grand nombre en Notre-Dame des Enfants, M. l'abbé Horoux poursuit en ces termes :

« C'est à toutes ces intentions, et à bien d'autres, qu'il est impossible de citer en détail, que nous prions chaque jour, et surtout le lundi et le samedi.

« L'Archiconfrérie, qui s'est si heureusement répandue dès l'origine, fait sans cesse de nouveaux et très considérables progrès à Paris, et généralement dans tous nos départements français.

« Elle progresse également à l'étranger d'une façon admirable, en Angleterre, en Belgique, au Brésil, au Canada, en Espagne, dans le Portugal, en Italie, en Suisse, dans les provinces rhénanes et dans diverses autres contrées.

« De tous ces pays, des lettres nous arrivent pour associer les enfants et les grandes personnes, pour recommander tantôt des malades ou autres, tantôt des familles entières.

« La confiance en Notre-Dame des Enfants ne fait donc que grandir. De même, dans son inépuisable bonté, Marie ne cesse de répandre ses bénédictions de plus en plus abondantes sur ceux qui l'invoquent.

« Combien de grâces connues de Dieu seul et des heureux privilégiés de Marie !

« Combien de faveurs intérieures, de pé-

cheurs convertis, de cœurs réconfortés, de
familles réconciliées, d'enfants bénis, de malades fortifiés, de mourants ramenés à la vie,
ou consolés dans le terrible départ de ce
monde !

« Je ne sais pas tout. Ce que je sais par les
nombreuses lettres que je reçois ne peut
être relaté en détail, pour divers motifs, et
d'acord parce que ce serait trop long. Quelques-
unes de ces lettres, étant de nature à être pu-
bliées, figurent dans les *Annales*. Et puis,
voyez dans l'église, ces plaques de marbre, ces
ex-voto déjà si nombreux, qui redisent aux
visiteurs, aux désolés, aux désespérés : — Ayez
confiance. Il faut avoir confiance toujours;
tant que vous prierez Marie, vous devez espérer, car Marie est votre mère, et elle n'aban-
donne jamais ses enfants.

« Unissez-vous donc, mes frères, unissons-
nous tous aux millions d'associés répandus
dans le monde entier pour dire aussi avec eux,
aujourd'hui, toujours, dans la joie, dans la
peine, dans les tentations et dans la douleur :
— O Notre-Dame des Enfants ! Priez pour nous !
priez pour les parents, priez pour les enfants,
priez pour tous, maintenant, et à l'heure redou-
table de la mort ! »

CHAPITRE XXVI

LE PÈLERINAGE.

Aux grandes solennités de Notre-Dame des Enfants, on voit venir à Châteauneuf-sur-Cher de nombreux pèlerins et de nombreuses pèlerines ; on les compte par milliers en ces jours privilégiés. Il en vient d'ailleurs pendant tout le cours de l'année, soit isolément, soit par groupes.

Quiconque fait, par dévotion, un voyage à quelque lieu consacré, a droit au titre de « pèlerin ». Le mot pèlerin veut dire proprement « étranger », ou « qui vient de loin ». Par conséquent, tout pèlerinage comporte un déplacement. Mais l'usage s'est établi de réserver le nom de pèlerins aux voyageurs dont le déplacement a pour objet une intention pieuse.

Il faut considérer que les pèlerins sont spécialement des militants de la religion, des soldats du ciel.

Un chroniqueur du treizième siècle, qui s'appelait Villehardouin, raconte que le duc de Venise, quand il sut le danger des Croisés à l'assaut de Constantinople, « dist qu'il voleit vivre ou morir avec les pèlerins ». Ainsi dès ce temps-là, on qualifiait de pèlerins ceux qui quittaient leur demeure et leur patrie pour aller au loin, la croix sur la poitrine, combattre les infidèles et défendre la sainte cause de Jésus-Christ.

Il en est de même encore, et les siècles n'ont point changé le fond des choses : les pèlerins sont toujours des croisés ; s'il arrive qu'ils ne portent pas ostensiblement la croix sur la poitrine, ils l'ont dans le cœur.

Les pèlerins n'ont plus affaire aux mêmes ennemis que leurs prédécesseurs du moyen âge. Il ne s'agit pas pour eux d'écarter du tombeau du Sauveur une profanation musulmane. Mais ils ont à lutter dans la bataille de la vie, pour se délivrer et pour délivrer avec eux leurs familles, leurs amis, leur pays du danger des maux innombrables qui découlent de l'impiété et de l'indifférence.

Ils ne sont pas armés du glaive. Leur seule

arme est la prière. La foi les couvre, et c'est
un bouclier contre lequel viennent se briser,
avec les erreurs de la fausse science, les fai-
blesses du respect humain et les sottises du
sarcasme.

Les pèlerins sont fiers de leur foi. Ils n'ont
pas d'ostentation vaine, mais ils n'ont pas non
plus de timidité déplacée. Ils tiennent, prê-
chant d'exemple, à montrer à ceux qui ont le
malheur de n'être pas croyants, qu'il est bon et
beau de croire.

Les pèlerins forment l'avant-garde d'une
pieuse milice. Derrière eux est le gros de l'armée.

Les pèlerins marchent dans la lumière des
sanctuaires bénis. Ils ne veulent pas connaître
la fatigue des voyages. Ils viennent, ils s'age-
nouillent, et ils prient : voilà leur œuvre. Et leur
prière a un double effet : elle monte au ciel ;
mais en même temps elle répand aux alentours,
sur la terre, des reflets d'édification, et c'est
une féconde propagande.

Ainsi ceux qui accourent à Châteauneuf
obtiennent sûrement, s'ils les méritent, les
grâces protectrices de Notre-Dame des Enfants.

Ils les obtiennent pour eux-mêmes ; mais cela
ne leur suffirait pas. Ils les sollicitent de même

et les obtiennent également pour les leurs, pour leurs parents, pour leurs enfants, pour tous ceux qu'ils aiment.

Quelle grande et sublime chose que de pouvoir se dire : — Je prie pour ma mère ou pour mon père, je prie pour ma fille ou pour mon fils, je prie pour mes amis et même pour mes ennemis, si j'en ai, je prie pour moi et encore pour d'autres que moi, et je sais que la sainte Vierge écoute ma prière !

Il a paru des hommes qui ont pris pour devise ces tristes mots : « Chacun pour soi. » L'égoïsme pousse quiconque appartient à cette secte, à ne s'occuper que de soi-même. Ces gens se persuadent que le pouvoir de la prière est dépourvu de rayonnement. Ils ne songent pas que, même au point de vue humain, une pareille doctrine est insoutenable, puisqu'il n'est personne en ce monde qui puisse se passer, pour progresser ou seulement pour vivre, de la recommandation ou de l'assistance d'autrui. Mais ils sont surtout, et c'est ce qui centuple la gravité de leur erreur, en contradiction flagrante et énorme avec la pensée de Jésus : si le Verbe s'est fait homme, et s'il a voulu subir un martyre à ce point sublime qu'aucune langue terrestre n'a de mots pour le caractériser dignement, c'est pour le rachat de la race d'Adam ; ceux qui disent que le ciel est sourd à qui lui parle pour d'autres, ceux-là s'interdisent de voir en Jésus-Christ le Messie, le Rédempteur, le Sauveur.

Les Pèlerins viennent donc à Châteauneuf pour eux et pour d'autres. Ils apportent leurs propres supplications et aussi celles dont ils sont chargés à titre de délégués. Ils sont en un mot, auprès de Notre-Dame des Enfants, les ambassadeurs des chrétiens qui n'ont pas pu venir.

Les chrétiens qui n'ont pas pu venir forment, comme nous le disions, le gros de cette armée fidèle dont les bataillons sont innombrables. L'âme se réjouit, à la pensée de ces masses profondes qui s'étendent à l'infini. De précieuses correspondances font pressentir l'étendue de la Croisade des prières : mais ce n'est pas tout. Nuls documents matériels, en y comprenant la collection des *Annales*, les registres de l'Archi-confrérie, les ex-voto, les lettres inédites, ne peuvent révéler la multitude de ceux qui, sinon nominalement, du moins mentalement, s'a-dressent à Notre-Dame des Enfants.

Il faudrait pouvoir lire dans les consciences, il faudrait être admis à pénétrer le secret des cœurs, dans toute la France, dans toute l'Europe, dans l'univers entier, pour se faire une idée de l'action de Marie, pour dénombrer les protégés de Notre-Dame des Enfants. Mais elle voit et écoute tous les dispersés qui lui demandent la faveur d'un abri sous son manteau protecteur.

Ces frères éloignés, que nous connaissons ou que nous ignorons, ont ainsi, par la pensée, leur large place aux fêtes de l'Archiconfrérie; ils fournissent de loin leur contingent à la gerbe de prières qui s'élève de la basilique de Notre-Dame des Enfants et monte au trône céleste : chœur magnifique et universel que les pèlerins qui peuvent venir à Châteauneuf semblent conduire.

CHAPITRE XXVII

UNE FÊTE DU PÈLERINAGE.

I. — La matinée.

Transportons-nous par la pensée au dimanche qui suit l'octave de l'Assomption.

Les Pèlerins arrivés la veille à Châteauneuf, ont déjà visité l'église, car avant tout ils ont voulu porter leur hommage aux pieds de la Vierge Marie. Le soir, ils se sont endormis en songeant aux grâces que Notre-Dame se plaît à répandre sur quiconque l'implore avec sincérité. La nuit s'est écoulée.

Le jour se lève, et tandis que la vibration des cloches flotte sur la vallée, Châteauneuf s'anime peu à peu, sous les premiers rayons du soleil. La petite ville sait qu'elle va recevoir de nombreux visiteurs.

Bientôt le sifflement des locomotives se fait

entendre. Un train s'arrête, apportant des voyageurs nombreux; un autre train, venant de la direction opposée, en apporte également; et successivement les trains passent, déposant tous à Châteauneuf une foule de pèlerins. Tantôt ce sont des familles, tantôt des jeunes gens marchant par groupes. D'un wagon descendent des Frères, suivis de leurs élèves disséminés par pelotons. Ailleurs apparaissent des Sœurs guidant avec précaution des escadrons de fillettes.

Beaucoup de ces enfants ont de petites oriflammes de diverses teintes, avec des devises en l'honneur de la sainte Vierge. Les petits garçons et les petites filles qui portent ces drapelets paisibles, en éprouvent une grande fierté, et leur satisfaction serait d'arborer hautement dans les rues ces vives couleurs si gentilles, mais on leur a dit de n'en rien faire. Il n'est pas permis de montrer en plein air les attributs de la religion; il faut garder les manifestations pour l'intérieur de la basilique. Tout se passe correctement, suivant les prescriptions, et les esprits les plus mal disposés n'y sauraient trouver une ombre de démonstration extra-légale ou irrégulière.

Quant à présent, il s'agit seulement d'aller

sans encombre à l'église, car les premières
messes commencent.

Elles sont nombreuses, les messes qui se
disent à Châteauneuf, le jour de la Fête du
Pèlerinage. Célébrer à cette date le saint Sacrifice à l'un des autels consacrés à Marie est un
avantage d'un inestimable prix, et beaucoup de
prêtres se font une joie profonde de venir dans
ce but pieux.

Un pèlerin parle en ces termes de la première partie de la sainte journée :

« Je dirai simplement que j'ai été ravi. J'étais
près de l'autel de Notre-Dame des Enfants, et
j'ai tout suivi avec intérêt et bonheur. Il paraît
qu'à toutes les messes il y a eu de nombreuses
communions, mais c'est surtout à la messe de
sept heures, réservée pour la communion générale, que le nombre était considérable. Je
crois bien que l'heureux curé de cette paroisse
a distribué pendant plus de trois quarts d'heure
le pain des forts (1). »

Le même témoin exprime en ces termes son
impression sur l'empressement des fidèles au
pèlerinage d'août :

« Gloire à Marie ! Confiance dans sa puissante

____

(1) *Annales*, septembre 1892. Xavier P.

et maternelle protection ! Confiance aussi dans l'avenir, même au milieu des défaillances et des tristesses du présent : ce sont les deux pensées qui ont occupé mon esprit pendant la journée de dimanche, en présence du magnifique spectacle dont j'étais l'heureux témoin à Châteauneuf, et elles m'absorbent encore. Et comment en serait-il autrement, à la vue de ces foules silencieuses, recueillies, priant, qui remplissaient jusque dans les moindres recoins la vaste basilique de Notre-Dame des Enfants? Une grande pensée les amenait là : un grand amour et une grande espérance. Elles venaient vénérer une mère, et confier à cette mère leurs plus sérieux intérêts, leurs plus intimes désirs, assurées d'avance d'être exaucées et de remporter une bénédiction.

« Elles venaient de tous côtés, ces foules : l'Allier, la Nièvre, le Loiret, le Loir-et-Cher, l'Indre, l'Orne, le Poitou, la Touraine, Paris même, le Hâvre, Lyon avaient des représentants ; le Cher surtout était là : c'était avec autant d'émotion que d'admiration que l'on voyait les nombreux pèlerins des communes circonvoisines, et les longues files de jeunes filles des Œuvres de persévérance de Bourges, Saint-Florent, Linières, Saint-Amand, puis, parmi beaucoup d'hommes et de jeunes gens, les futurs apôtres du Sacré-Cœur, les élèves des Missionnaires d'Issoudun, qui occupent l'ancien collège de Chezal-Benoît, au nombre, m'a-t-on dit, de plus de soixante.

« Oui, tout cela était beau, tout cela était grand, mais surtout consolant.

« Quand des peuples se lèvent ainsi, poussés par une idée surnaturelle; quand, malgré les négations, les moqueries, je dirai même, malgré les apostasies arrachées par un triste intérêt temporel à des âmes lâches, ces peuples conservent la foi en une puissance supérieure, et tombent à genoux devant cette puissance, pour lui dire hautement, publiquement, leur confiance, je dis que nous n'avons pas le droit de désespérer de l'avenir : ce serait une faute de se décourager. Allez donc, ouvriers du néant, qui vous flattez d'arracher du cœur du peuple, du cœur de nos enfants de France, la pensée de Dieu, l'amour de la Vierge Marie et l'espérance de l'éternité, — nous ne vous craignons pas! J'ai vu Lourdes, Montmartre, Paray-le-Monial; partout, comme à Châteauneuf, j'ai rencontré des foules émues, suppliantes, pleines de foi. Ces foules-là préparent la défaite des artisans du mal... »

II. — La messe pontificale.

Il est neuf heures. « Pénétrons dans la basilique, et après une fervente prière à Notre-Dame des Enfants, admirons les richesses qui ont été déposées dans ce sanctuaire en témoignage de reconnaissance. Tous les yeux font avec joie l'inventaire de ces splendeurs, et l'on croit entendre ce cri unanime au fond de tous les cœurs : — Que c'est beau ! que c'est beau !

Oui, l'église est magnifique ; elle est remplie d'objets merveilleux qui impressionnent par leur majesté et charment par leur bon goût. Nous entendons cette exclamation dite à demi-voix : « Est-il quelque part des tableaux ou des tapisseries qui puissent rivaliser d'effet avec ces ex-voto dont les murailles des nefs sont littéralement couvertes ! »

L'église s'emplit de plus en plus.

Tout d'un coup, le bourdon fait entendre sa voix puissante. Il chante le *Benedictus qui venit,* — Bénédiction sur celui qui vient, bénédiction sur ceux qui viennent. — Qui est-ce donc qui vient, à cette heure de solennité et de prière, et dont l'approche est une cause de réjouissance dans le sanctuaire de Notre-Dame des Enfants?

Celui qui vient, c'est Mgr Boyer, Archevêque de Bourges, le vénéré Prélat que l'on admire pour ses hautes vertus et ses grands talents. Il a voulu présider en personne la Fête du Pèlerinage. Il est accompagné de son si digne auxiliaire Mgr Bardel, évêque titulaire de Parium, dont tout le diocèse connaît et sait apprécier les mérites.

Les sons de l'orgue s'élèvent. Un coup sec résonne sur les dalles : c'est le suisse qui avertit les fidèles ; il s'avance, dans sa haute taille, avec la parfaite correction de sa tenue, superbement vêtu aux couleurs de Notre-Dame.

Le pieux doyen de Châteauneuf, M. l'abbé Horoux, traverse la basilique. Il est entouré d'un nombreux clergé, et précédé du « chapitre de Notre-Dame des Enfants », de tout jeunes chanoines qui, par un privilège spécial, portent la soutane violette. M. le doyen va ainsi présenter l'eau bénite à Nosseigneurs, qui font leur entrée dans la basilique, bénissant les enfants et le peuple, avec une bienveillance dont l'assistance est profondément émue.

La Messe pontificale commence.

Devant l'autel, noblement décoré et recouvert d'une belle nappe mordorée, les enfants de chœur se tiennent dans une attitude parfaite.

La *deuxième Messe de Minard* est exécutée par un ensemble de musiciens dont le noyau est formé de la maîtrise locale. M. l'abbé Bernoin veut bien tenir pour cette belle fête, le bâton de maître de chapelle, et l'on admire une fois de plus son talent et son expérience. Un chanteur dit plusieurs soli de sa voix d'un timbre si agréable, et l'organiste, qui a préparé les chœurs avec un zèle extrême, accompagne sur l'orgue.

Placée dans l'abside, la fanfare *La Sainte-Hélène* fait entendre avec succès différents morceaux.

A la fin de l'Evangile, tous les yeux se tournent du côté de la chaire. Un prédicateur y monte; il se prosterne, et, à genoux, il prie Marie de lui inspirer de saintes paroles. Il se relève.

Il ne veut dire que quelques mots d'édification et d'exhortation. Dans l'après-midi, à l'issue des vêpres, les fidèles auront un sermon. Mais maintenant le prédicateur a seulement à solliciter l'assemblée qui l'écoute de se bien pénétrer, pendant la sainte Messe, de l'objet de la solennité que l'on célèbre.

« Je viens, dit-il, vous inviter à vous réjouir. Vous, habitants privilégiés de Châteauneuf, et vous tous qui êtes ici en pèlerinage. Vous devez vous réjouir, parce que Dieu, voulant choisir ce pays pour y instituer un sanctuaire béni entre beaucoup, a envoyé ce bon et saint prêtre, M. Ducros, qui a fondé l'Archiconfrérie de Notre-Dame des Enfants, Archiconfrérie si fertile en grâces; vous devez vous réjouir, parce que, pour continuer et compléter ce que M. Ducros avait si bien commencé, Dieu a donné le modèle des pasteurs et des directeurs d'Œuvre, M. Horoux, par les soins duquel l'association s'étend de plus en plus, de toutes parts dans le monde, répandant avec une abondance qui s'accroît sans cesse les inestimables faveurs célestes.

« Ainsi réjouissez-vous et réjouissons-nous, car cette basilique est devenue le centre de la dévotion à Marie, considérée comme la mère protectrice des Enfants.

« N'est-ce pas Jésus qui nous a donné à tous pour mère sa propre mère, à l'heure d'épouvante et de grâce où il a souffert sur la croix?

« Prions donc Marie! Prosternons-nous tous devant elle, en ce jour qui lui est spécialement consacré, et récitons ensemble la bonne et salutaire prière :

« Souvenez-vous, ô très pieuse Vierge Marie, ô Notre-Dame des Enfants, que jamais on ne vous a invoquée en vain, et que toujours vous avez été exaucée de Jésus, votre divin Fils. Vous êtes notre Protectrice, notre Mère ; nous recourons à vous avec confiance, et nous nous prosternons à vos pieds pour vous offrir nos cœurs, vous bénir de vos bontés, vous supplier d'exaucer nos vœux : veillez sur nous, protégez nos parents, éloignez de nous tout péril, tout piège du monde et du démon ; conservez notre innocence, dirigez nos pas dans la vertu ; faites que nous croissions comme l'Enfant Jésus, en âge et en grâce. O Notre-Dame des Enfants, ô notre Mère, nous vous aimons, aimez-nous, et par votre puissante intercession, sauvez-nous tous.

Ainsi soit-il.

Notre-Dame des Enfants, protégez-nous, protégez nos parents, protégez l'Eglise.

Après les paroles du prédicateur, Mgr l'archevêque élève la voix et adresse aux fidèles quelques mots pleins d'esprit apostolique :

« La conclusion pratique du discours que vous venez d'entendre, a dit Monseigneur, est que tous, pères et mères, enfants, nous devons implorer la protection de la sainte Vierge, dans les dangers de l'heure présente ; vous surtout, pères et mères de famille, demandez à Notre-Dame la grâce d'une éducation chrétienne pour vos enfants. Souvenez-vous de la puissance de Marie, soyez dignes de ses bontés par une vie réellement chrétienne ! C'est la vie éternelle qu'il faut à tout prix. Il faut l'avoir par Marie ! »

Il est plus de midi quand la messe pontificale prend fin. Nosseigneurs sont alors reconduits au presbytère.

Le silence se fait dans l'église, mais non pas la solitude.

Beaucoup de pèlerins et de pèlerines viennent isolément, depuis ce moment jusqu'aux vêpres, se prosterner au pied des autels pour solliciter, dans un mouvement de dévotion intime, les grâces de Notre-Dame.

Puis, la prière faite, la plupart vont promener leurs pieuses méditations dans le parc du château, où Mme la duchesse de Maillé veut bien offrir à tous une gracieuse hospitalité.

III. — Les vêpres.

L'heure des offices de l'après-midi est venue. L'orgue se fait entendre.

Les vêpres sont solennellement chantées sous la présidence de Son Eminence.

C'est une atmosphère de fête qu'on respire. L'arome de l'encens s'y mêle au parfum des fleurs.

Mais surtout, les cérémonies du matin ont, pour ainsi parler, peuplé de prières l'air de la basilique. Au-dessus des fidèles réunis en une masse pressée et pieusement joyeuse, semblent planer et se rencontrer des nuées de supplications terrestres et de grâces descendant des cieux.

Le prédicateur paraît dans la chaire. Il élève la voix au milieu du calme si doux de l'église, et dit (1) :

Accipe puerum istum, et nutri mihi, et dabo tibi mercedem tuam. Recevez cet enfant, nourrissez-le pour moi, et je vous donnerai votre récompense.

« Mes bien chers frères, un tyran régnait sur l'Egypte, qui, pour exterminer le peuple de Dieu, avait porté ce décret infanticide : « Tous les enfants mâles des Hébreux, dès l'instant de leur naissance, seront précipités dans le Nil. » « Non, non, s'écria une malheu-

(1) Le sermon qui est ici en partie reproduit et en partie résumé, a été prononcé à Châteauneuf, par M. l'abbé Rebrioux, archiprêtre de la Châtre.

reuse mère qui venait de mettre au monde un enfant beau comme le jour, non, mon enfant ne périra pas ! » Et elle imagina d'enduire de bitume une petite corbeille de jonc, à l'intérieur et à l'extérieur. Puis elle plaça, à l'abri du courant, son trésor au milieu des roseaux.

« Et voilà que la fille même du roi vient au fleuve avec ses suivantes. Elle aperçoit l'esquif dans lequel souriait le jeune enfant, et touchée de compassion : « Ah ! sans doute, dit-elle, c'est encore un fils des Hébreux. Mon père est bien cruel de persécuter ainsi les enfants ; celui-ci, du moins, ne périra pas : il me devra la vie. » Et aussitôt la sœur de Moïse qui écoutait, offre à la princesse les services de sa mère pour élever l'enfant. La mère accourt ; elle vole auprès de son fils, et la fille du roi remet l'enfant entre les mains de cette mère, en lui enjoignant de le nourrir, et en lui promettant la récompense qui sera due à son zèle. »

L'enfant exposé comme le fut Moïse, l'enfant abandonné et mis en danger de mort physique ou de mort morale n'est-il pas, hélas ! de tous les temps ?

Le prédicateur rappelle en quelques mots l'état des choses aux temps du paganisme, et s'écrie : « C'est alors que le Fils du Roi des rois, Jésus-Christ, vient sur la terre sauver le monde ; et c'est par la racine, par l'enfance, qu'il veut le réhabiliter... »

Jésus se fait enfant. L'ange l'annonce d'avance à la Vierge qui sera sa mère. Les bergers aussi reçoivent la grande nouvelle, et également les Mages lointains, qui viennent jusqu'à Bethléem, guidés par l'étoile sublime.

Plus tard, après avoir voulu être lui-même petit enfant, Jésus caresse les petits enfants, et ordonne qu'on les laisse venir auprès de lui.

« Ce n'est pas encore assez. Voyez Jésus, couvert de plaies, sur la voie douloureuse. Des femmes et des enfants le suivent en pleurant ; il s'arrête, et dit à ces filles de Jérusalem : « Ah ! ce n'est pas sur moi qu'il faut pleurer ; « pleurez sur vos enfants et sur votre malheu- « reuse patrie ! » Et, alors qu'il est entre ciel et terre, étendu sur son gibet, il s'incline, et, prenant Jean, le disciple chaste comme un enfant, il le donne à sa mère : « Femme, « voici votre fils ! » Puis, prenant sa mère, il la donne à Jean : « Voici votre mère ! »

Ainsi, depuis Bethléem jusqu'au Golgotha, Jésus pourvoit à la réhabilitation du monde, par la racine, par l'enfance. Il veut que l'enfant soit reçu avec joie ; il veut ensuite que l'enfant soit nourri et élevé comme il le doit être : « Nourrissez-le pour moi, » a dit la fille du Pharaon. « Elevez-le pour le ciel, » telle est l'inspiration de Jésus.

Il faut élever les enfants dans la foi. Ils doivent croire en Dieu tout-puissant, en Jésus-Christ Sauveur et Rédempteur ; ils doivent savoir que l'Eglise est ici-bas l'héritière de Jésus ; ils doivent connaître ceci encore, qu'ils ont une âme immortelle. Voilà ce que le Prédicateur appelle le *Credo* de la foi.

Mais il ajoute qu'il faut aller à l'école de Marie, et que, « s'il y a le *Credo* de la foi, il y a aussi le *Credo* de l'amour ».

Croire à Dieu est bien, mais c'est insuffisant, il faut aimer Dieu ; il faut aimer Jésus ; il faut aimer son Eglise ; il faut enfin aimer notre âme immortelle, c'est-à-dire la nourrir de vertus, de sacrifices, de charité, de dévouement.

« Comme cette doctrine nous convient plus que jamais, aujourd'hui que l'égoïsme se répand partout et ronge nos sociétés ! On travaille le matin pour jouir le soir. Les hommes d'aujourd'hui redisent les refrains du temps de Salomon : « Couronnons-nous de roses, et vivons dans la joie ! » Car elle est vieille, la

race des jouisseurs! Ah! l'abominable doctrine! Ah! comme il fait bon d'élever vos
enfants dans d'autres principes, que l'on peut
apprendre à l'école de Jésus crucifié et de
Marie, dans nos écoles catholiques... »

Il faut donc faire le bien; il faut nourrir son
âme pour Dieu et la sainte Vierge, c'est-à-
dire pour le ciel. La récompense est assu-
rée.

« Le cœur de l'enfant consacré à Marie est
plein d'amour, continue le prédicateur. Parlez-
lui de sa famille : placé entre son père et sa
mère, il s'attache à eux comme le lierre au
chêne pour s'élever et grandir; il souffre, il est
heureux comme ses parents.

« Le vent de la destinée peut l'emporter loin
de sa patrie : partout et toujours il reporte ses
yeux et son cœur vers le foyer natal; partout et
toujours il pense à son vieux père, à sa tendre
mère; partout et toujours il salue de cœur son
frère, sa sœur. Et s'il doit mourir loin des
siens, si sa tombe doit être creusée sur une
plage étrangère, il se souviendra qu'il y a un
lieu sur lequel il doit verser sa dernière larme.
Parlez-lui de son pays, à l'enfant de Marie,
son cœur bondit dans sa poitrine; il s'identifie
avec lui; s'il voit le vainqueur orgueilleux

fouler le sol de la patrie, il gémira ; mais si la victoire vient se reposer sur le front de sa patrie, il se réjouira avec elle. S'il devait prendre le chemin de l'exil, ce serait comme les fils d'Israël sur les rives de l'Euphrate : il resterait silencieux et muet ; son cœur demeurerait fidèle et se retournerait toujours vers sa patrie. Sous ses cheveux blancs, il lui resterait encore l'espérance dans l'amour, le seul bien de l'exilé.

« Au lendemain de nos désastres, dans l'Alsace, un maître d'école, imposé par le vainqueur, avait effacé la France de la carte d'Europe.

— Montre-moi la France, dit-il à un enfant.

L'enfant baissa les yeux et ne répondit pas.

— Montre-moi la France, reprit le maître avec colère.

Alors l'enfant, — il était de la race de ceux dont je viens de parler, élevés à l'école de Jésus et de Marie, — se leva, et posant la main là, sur son cœur, il s'écria :

— La France, la voilà !

Ah ! l'admirable parole, toute retentissante de patriotisme ! Ah ! si tous les Français, revenant de leurs vieilles querelles à la foi de Jésus et de Marie, posaient la main sur leur cœur et disaient : « La France, la voilà ! » tous les bonheurs, toutes les jouissances, toutes les prospérités reviendraient, et la France serait sauvée. »

Le prédicateur l'a dit, dans son patriotisme et dans l'élévation de sa noble pensée : la récompense peut venir dès ce monde. Car quelles plus belles récompenses ici-bas que le bonheur du devoir accompli, que les joies de la famille, que la grandeur de la patrie !

Si pourtant ces satisfactions terrestres sont accordées à qui a servi Dieu et Marie, à qui a aimé Dieu et Marie, il faut bien dire que c'est à titre d'à compte. La récompense définitive est au ciel : celle-là est éternelle ; surtout elle est infaillible, elle vient irrévocablement à qui en est digne.

Le prédicateur descend de la chaire au milieu de l'émotion générale.

Maintenant un grand mouvement se fait dans l'église.

IV. — La Procession.

Ce mouvement qui se produit dans l'église, après le sermon, a pour cause la Procession qui va avoir lieu. Mais les préparatifs sont faits à l'avance, et l'ordre à suivre est déjà fixé. Chaque groupe sait la place qu'il doit occuper, chaque enfant connaît le rang qui lui appartient dans son groupe. Il n'y a plus qu'à attacher les voiles sur les fronts, et à poser les couronnes sur les jeunes chevelures.

Il ne s'est pas écoulé cinq minutes, que tout est prêt.

Les enfants se dirigent sûrement vers le point désigné ; on n'aperçoit aucun tâtonnement, aucune hésitation.

Tout à l'heure, les nuances des costumes étaient mêlées ensemble, dans les diverses parties de l'église, comme des fleurs variées dans une prairie. A présent, ce mélange cesse, chaque couleur se sépare des autres couleurs, et voilà que s'élèvent au-dessus des têtes des signes de ralliement, des oriflammes, des bannières, des effigies vénérées.

Le suisse est immobile à l'entrée du chœur, la hallebarde sur l'épaule, la canne à grosse pomme au poing, dans la pose réglementaire ; il attend.

Bientôt le silence est rompu par les notes puissantes de l'orgue. Immédiatement la sainte cohorte s'ébranle. Le suisse descend à pas comptés dans l'allée médiane de la grande nef, et le long ruban de la Procession se déroule lentement.

Les bannières succèdent aux bannières. Il y a celle de la Paroisse; il y a celle de l'Archi- confrérie de Notre-Dame des Enfants. Il y a toutes les bannières diverses, les oriflammes, les insignes des Confréries, des associations réunies pour ce jour solennel. Ces sociétés sont nombreuses; plusieurs appartiennent à la ville de Châteauneuf; beaucoup sont venues des environs et quelques-unes de loin. Mais toutes se confondent dans un même sentiment de piété, de respect pour Notre-Dame des Enfants, et le Pèlerin qui les contemple éprouve, dans la dévotion de son cœur, un saisissement de bonheur à cet édifiant spectacle.

Et puis, il y a aussi les nobles statues.

Il y a le beau groupe de Notre-Dame des Enfants; il y a plusieurs images de la Vierge et des saints Patrons; il y a le petit Jésus.

Notre âme gonflée de prière, déborde d'atten- drissement. Nous regardons et nous admirons debout, bénissant l'Eternel qui a semé la Foi féconde sur la terre, remerciant le Christ qui est venu racheter les peuples, et glorifiant Marie dont l'inestimable protection est sur cette assemblée.

En deux files s'avancent les élèves des Frères des Ecoles chrétiennes. Ils sont par rang de

taille, et les petits comme les grands, également
respectueux du saint lieu, se montrent inacces-
sibles à toute distraction. Ceux de Châteauneuf
et ceux des autres écoles venues en pèlerinage
rivalisent amicalement de bonne et pieuse tenue.

De même, les Sociétés de jeunes gens, les
Délégations de Cercles catholiques, les représentants des Œuvres de Patronage se dis-
tinguent à qui mieux mieux par la correction
de leur attitude.

Regardant passer cette brave et sérieuse
jeunesse si sincèrement vouée à Notre-Dame
des Enfants, on se dit tout bas à soi-même :
« Ah! que la sainte Vierge doit être contente
de ses protégés! »

Mais voici la gracieuse et mignonne cohorte
de la première enfance. Ces chères petites
créatures sont organisées par groupes de
vingt environ. Un groupe est formé d'enfants de trois à quatre ans. On voit là des
fillettes qui ne sont pas plus hautes que des
poupées, mais elles ont une gravité parfaite, et
marchent dignement, sans lassitude apparente
ni désordre, car elles ont déjà la conscience, le
sentiment intime de la sainteté de la mission
qui leur est dévolue.

Comment à ce spectacle ne pas sourire

d'émotion? Comment ne pas dire, dans le fond du cœur :

« O Notre-Dame, bénissez vos enfants ! »

Ces petits si charmants sont donc divisés par groupes. Or, parmi ces groupes, il en est dont les robes sont longues, et pareilles à ces souples tuniques que les peintres donnent aux Anges; chaque tête frisée est environnée d'un nimbe.

D'autres groupes ont des jupes courtes, et les fronts portent des couronnes de fleurs.

Chaque groupe a sa couleur : l'un est tout blanc comme l'innocence, l'autre est bleu comme le firmament du bon Dieu, celui-ci a la teinte rosée de l'aurore, celui-là brille de l'éclat adouci des feuilles du mois de mai. Et c'est ainsi que ces groupes, tous dissemblables par la couleur et le costume, sont également tous ravissants.

Ici les petits enfants lèvent avec bien de l'attention de minuscules oriflammes. Là des fillettes s'avancent avec des corbeilles drapées de mousseline et remplies de pétales de fleurs.

Pour qui donc ces fleurs et leur parfum? — C'est pour le Petit-Jésus, dont la statuette fine et mignonne est hissée sur les épaules de deux enfants très fiers de soutenir un si cher fardeau.

Dans les rangs de la cohorte enfantine circulent plusieurs Sœurs. Elles prient; mais en priant, elles surveillent avec une attention maternelle ce petit monde, qu'elles ont préparé, exercé, habillé pour la procession. Cette partie de la sainte fête est entièrement l'œuvre des bonnes Sœurs; elles ont composé de longue date les costumes et les pièces accessoires, méditant soigneusement les effets et combinant les tons : elles y ont travaillé avec tout le zèle de leur dévotion et le vif désir d'être agréables à la Très Sainte Vierge Marie.

Après le bataillon des petits enfants qui forment la séduisante avant-garde de la vie, vient l'armée des jeunes filles.

Elles sont tout en blanc. C'est à proprement parler l'escorte de la Sainte Vierge.

Les premières qui passent paraissent de douze à quatorze ans, et n'ont pas encore quitté l'école des Sœurs. Celles qui suivent sont un peu plus âgées, plus grandes, mais si elles ont cessé de fréquenter l'école, elles n'ont pas oublié les chères Sœurs qui furent leurs maîtresses, et dont souvent elles restent les compagnes.

Par-dessus tout, elles se souviennent des

saines prescriptions de l'Eglise, des salutaires devoirs de la piété.

Heureuses les jeunes filles qui, au sortir de la première enfance, s'enrôlèrent dans la cohorte bénie du Catéchisme de Persévérance ! Heureuses toutes celles qui, avec ou sans enrôlement, persévèrent, et, se montrant en toute circonstance autour des saints autels, restent dignes du titre si beau d'Enfants de Marie !

Réunies par les sentiments de confiance ou de gratitude qu'elles portent à la Mère immaculée, elles enveloppent de leur long et charmant défilé la céleste Reine de ce beau jour et de tous les jours, Notre-Dame des Enfants.

Maintenant voici les enfants de chœur, puis le clergé revêtu des plus beaux ornements.

Mgr l'archevêque accompagné de Mgr Bardel, s'avance dans la splendeur émouvante de sa haute dignité. La sainteté et la bonté se reflètent sur son visage. Les assistants s'inclinent, et il leur donne incessamment sa bénédiction pontificale. Çà et là, aux premiers rangs, sont des mères qui tiennent leurs nourrissons dans leurs bras : elles se sont avancées avec intention, et le Prélat, dès qu'il aperçoit une de ces mères, s'arrête un instant, et favorise le cher petit d'un signe de croix tracé sur sa tête.

Le Saint-Sacrement apparaît. On se prosterne, et l'on adore. Derrière sont les flots pressés des fidèles, gens du pays et pèlerins. Tout le monde suit dévotement. Et la procession, après avoir descendu la grande nef, fait intérieurement le tour de l'église en s'arrêtant à la chapelle de Notre-Dame des Enfants. Elle revient enfin au chœur, où elle se disloque.

V. — Le salut solennel.

Le Saint-Sacrement est exposé sur le maître-autel, au milieu des lumières et des fleurs.

De tout petits enfants sont de chaque côté, comme une gracieuse guirlande d'anges.

Des chants s'élèvent.

Parmi ces chants, est le Cantique de Notre-Dame des Enfants ; voici cette touchante poésie de M. l'abbé J. Bernet (1) :

> Réunis dans ton sanctuaire,
> Aimable Reine de ces lieux,
> Nous t'adressons notre prière,
> Pour nous bénir, descends des Cieux.

(1) Voir la musique, de M. l'abbé Bernoin, p. 283.

O bonne, ô pieuse Marie,
O Notre-Dame des Enfants,
Etends sur nous ta main chérie
Et garde nos cœurs innocents.

Daigne agréer, Vierge bénie,
L'offrande de nos jeunes ans,
Sois notre patronne, ô Marie,
Nous sommes tes enfants.

Que de périls en cette vie
Où nous faisons les premiers pas
La terre ne paraît remplie
Que de trompeurs appas.

Nous te prenons pour sauvegarde
Dans les sentiers à parcourir,
Vierge, ceux que ta bonté garde
Quand les vit-on périr?

Mère, souviens-toi de nos mères,
Dans ces jours si laborieux;
Mère, souviens-toi de nos pères
Près du Père des Cieux.

Dans le lointain, d'autres orages
Menacent l'Eglise de Dieu;
Déjà de terribles nuages
Lancent des traits de feu.

Oh! quand viendra la paix parfaite!
Sur la barque le Maître dort,
Que sa main calme la tempête
Et nous conduise au port.

Avant de donner la bénédiction, Mgr l'Archevêque se tourne vers la foule, et fait entendre ces paroles sorties de son cœur :

« Un jour, en Judée, les apôtres cherchaient à disperser les petits enfants qui s'étaient groupés autour de Notre-Seigneur. Mais le divin Maître de leur dire : « Laissez venir à moi les petits enfants, et ne les empêchez pas... »

« Ah! mes enfants, que vos prières sont agréables au Seigneur ! Priez, priez sans cesse, pour la France, pour votre Archevêque, pour vos parents, pour vos chers petits frères associés, qui se comptent par millions en France et à l'étranger...

« Je vous bénis tous, mes enfants; je vous bénis, parents chrétiens. Conservez toujours l'innocence à vos chérubins. Que Notre-Dame des Enfants vous accorde cette grâce. »

Et l'immense assistance, s'inclinant, reçoit pieusement la bénédiction.

Cette belle journée est finie. Si remplie qu'elle ait été, chacun l'a trouvée trop courte.

On se prosterne, dans un sentiment de profond respect et de pieuse affection, sur le passage de Nosseigneurs.

Et les pensées de tous sont traduites en ces termes dans les *Annales* (septembre 1894) :

« Honneur au Directeur de l'Archiconfrérie qui consacre toute sa vie à la propagation du culte de Marie et à la préservation de l'âme des enfants !

« Honneur à tous ceux qui, par leur présence, leur travail et leur talent, ont contribué au succès de cette fête et à cette belle manifestation d'amour envers Dieu et Marie !

« Honneur et gloire à Dieu seul, et à Notre-Dame des Enfants, dont la volonté est si étroitement unie à la volonté de Dieu !

« Notre-Dame des Enfants, modèle de toutes les mères,

« Notre-Dame des Enfants, protectrice des parents,

« Notre-Dame des Enfants, Gardienne des enfants, priez pour nous !

« Abaissez sur nous vos regards miséricordieux.

« Obtenez l'esprit chrétien pour les familles.

« Obtenez l'innocence et la soumission pour les enfants.

« Assurez à tous une éducation chrétienne.

« Gardez la jeunesse contre tous les dangers, ô Notre-Dame des Enfants ! »

LES STATUTS DE L'ARCHICONFRÉRIE

Objet de l'Archiconfrérie. — Approbations. — Règlement. —
Indulgences et avantages spirituels. — Faveurs obtenues.
— Annales, avis. — Objets de piété.

I. — OBJET DE L'ARCHICONFRÉRIE.
APPROBATIONS.

Inspirée par Marie elle-même, et par la pensée
des besoins immenses de l'enfance et de la jeunesse, des graves et difficiles devoirs des parents
et de tous ceux qui s'occupent de l'éducation,
l'Archiconfrérie de Notre-Dame des Enfants a pour
but spécial d'assurer aux enfants et à ceux qui ont
mission de les diriger, des secours particuliers;
par conséquent :

1° De prendre l'enfant au baptême, et de le
placer sous la tutelle de Marie, de constituer cette
Vierge Sainte sa protectrice et la gardienne de ses
premiers jours, de ses premières pensées, de ses
premiers actes, comme de toute sa jeunesse;

2° D'inspirer à tous les enfants une grande dévotion envers la très sainte Vierge et d'établir entre eux et tous ceux qui s'en occupent une constante union de [prières et de bonnes œuvres, afin d'attirer sur eux les bénédictions de Marie;

3° D'aider ainsi la jeunesse à grandir dans la foi et l'innocence, à contracter l'amour de la pitié, les habitudes de la vie chrétienne, à se préparer à une sainte première communion et à persévérer dans la vertu;

4° Son but, c'est de préparer dans ces enfants ainsi formés et soutenus par la protection de Marie, des consolateurs aux parents, des collaborateurs dans leurs travaux, des appuis dans leur vieillesse, des enfants respectueux et dévoués, puis de reconstituer ainsi par eux la famille chrétienne si fortement ébranlée, en formant des chrétiens solides, des hommes de foi, dévoués à toutes les œuvres catholiques, comme la propagation de la foi, la Sainte-Enfance, les écoles chrétiennes, etc.

L'Archiconfrérie de Notre-Dame des Enfants est donc bien différente de l'Œuvre de la Sainte-Enfance; celle-ci a pour but le rachat et le salut des enfants infidèles, l'œuvre de Notre-Dame des Enfants se propose avant tout la sanctification de l'enfance et l'accroissement du culte de Marie dans les pays catholiques : elle prépare donc des apôtres pour toutes les autres œuvres. C'est bien ainsi que la comprenait le saint Pape Pie IX qui vit en elle une œuvre providentielle, naissant au moment où l'on prévoyait déjà tous les assauts qui allaient être livrés à l'enfance; il dit de vive voix au vénéré fondateur de l'Archiconfrérie qu'il la bénissait de tout cœur, que son grand désir était de la voir se répandre partout, et contre tout précédent, il l'érigea en Archiconfrérie de lui-même, sans en soumettre l'examen aux Congrégations de Cardinaux établies à cet effet, ce qui étonna beaucoup à Rome. Des prélats s'écrièrent : « Pour que le Pape en ait agi ainsi, il faut qu'il voie dans l'œuvre de Notre-Dame des Enfants l'œuvre de Dieu et un des grands besoins de notre époque. »

Avec le Souverain Pontife, plus de cent Evêques au commencement et bien d'autres depuis, ont béni, approuvé et encouragé cette œuvre. Parmi eux, nous citerons NN. SS. les Cardinaux, Archevêques et Evêques de Bourges, Bordeaux, Lyon, Besançon, Rouen, Cambrai, Rennes, Pamiers, Aire, Mende, Saint-Claude, Fréjus, Carcassonne, Autun, Arras, Nevers, Rodez, Nantes, Nîmes, Valence, Orléans, Nancy, Montpellier, Saint-Brieuc, Périgueux, Vannes, Châlons, Versailles, Saint-Dié, du Mans, Saint-Jean-de-Maurienne, Aix, Albi, Beauvais, Troyes, Belley, du Puy, Clermont, etc., etc., et à l'étranger plusieurs Archevêques et Evêques d'Angleterre, de Belgique, d'Italie, des Missions étrangères.

Les approbations ne sont pas venues seulement de la terre, Marie a daigné, Elle aussi, témoigner par des grâces réitérées combien lui était agréable ce titre de Notre-Dame des Enfants ; les lettres d'actions de grâces qui chaque jour nous arrivent nombreuses, les ex-voto qui tapissent les murs de l'Eglise disent bien haut que la Mère du Sauveur est réellement aussi la Mère de ceux que Jésus aimait tant à bénir.

II. — Règlement de l'Archiconfrérie.

I. — L'Archiconfrérie de *Notre-Dame des Enfants* est établie dans l'Église paroissiale de Châteauneuf-sur-Cher, en faveur de l'enfance chrétienne.

Le but de cette Archiconfrérie, nous l'avons dit, est de placer l'enfant sous la protection spéciale de Marie, pour qu'elle soit sa mère, la gardienne de sa foi et la conservatrice de son innocence, pour qu'elle lui obtienne de grandir dans la fidélité à la loi de Dieu, de faire une sainte première communion, et qu'elle le préserve des dangers dont l'esprit et le cœur des enfants sont entourés de nos jours.

II. — Tout enfant, depuis le baptême jusqu'à l'âge de quatorze ans inclusivement, pourra faire partie de l'Archiconfrérie. Passé cet âge, une fois inscrit, il pourra en demeurer membre jusqu'à la mort et avoir part à ses prières et indulgences.

III. — Les personnes âgées de plus de quatorze ans sont agrégées à l'Archiconfrérie sur un registre spécial, et ont part à tous les avantages spirituels.

IV. — Chaque Associé portera la médaille de l'Archiconfrérie. Cette médaille représente la très sainte Vierge entourée d'un groupe d'enfants et les couvrant de sa maternelle protection. Sur le revers de la médaille est inscrite cette invocation : *Notre-Dame des Enfants, protégez-nous, protégez nos parents, protégez l'Eglise.*

V. — Les associés réciteront chaque jour, autant qu'il se pourra, *Notre Père* et *Je vous salue Marie*, avec l'invocation susdite de la médaille; au moins l'invocation, aussitôt qu'ils pourront bégayer.

VI. — Les parents, dont les enfants ne sont pas encore arrivés à l'usage de raison, sont invités à réciter ces prières en leur nom.

VII. — Nous engageons nos Associés à joindre au moins chaque samedi, et même tous les jours, s'ils le peuvent, le *Souvenez-vous* à Notre-Dame des Enfants et les litanies de la sainte Vierge aux prières précédentes pour tous les besoins et recommandations de l'Archiconfrérie. Il est à désirer que ces prières se fassent en commun dans les classes, devant une statue ou image de Notre-Dame des Enfants.

VIII. — Une messe, suivie de la Bénédiction du Très Saint Sacrement et du *Salve Regina*, est dite tous les samedis de l'année à l'autel de Notre-Dame des Enfants, à 8 heures, pour tous les besoins spirituels et corporels des enfants associés, et pour le repos de l'âme des Associés défunts. Tous les Associés sont invités à entendre la messe en ces jours pour participer, d'une manière plus particulière, à celle qui se dit à Châteauneuf et à la bénédiction qui y est donnée. On y fait chaque samedi toutes les recommandations qui nous sont adressées. Une autre messe, aux mêmes intentions, est célébrée tous les lundis, à 7 heures.

IX. — La fête principale de l'Association est fixée au 2 février. — Ce jour-là, une messe solennelle est célébrée à Châteauneuf pour tous les Agrégés vivants et morts. Le soir, après les vêpres, salut solennel pour tous les Associés.

X. — Une seconde fête non moins solennelle est célébrée chaque année, en faveur des pèlerins, le dimanche qui suit l'octave de l'Assomption, jour où l'Eglise célèbre la fête du Sacré-Cœur de Marie. Il y a procession de Notre-Dame des Enfants dans la ville de Châteauneuf. C'est la fête du Pèlerinage de Notre-Dame des Enfants.

Nous engageons nos jeunes associés, arrivés à l'âge de discrétion, à se préparer à la célébration de ces fêtes par une bonne confession et une communion fervente, s'ils ont fait leur première communion.

XI. — On est invité à faire, pour chaque Associé, une offrande de 25 centimes jusqu'à quatorze ans et de 1 franc après cet âge, une fois donnés, le jour de son admission. Ces offrandes sont facultatives et suivant les moyens des familles ; nous agrégeons gratuitement les enfants pauvres. Ces offrandes servent à l'entretien du Sanctuaire de Notre-Dame des Enfants, aux honoraires des Messes dites pour ces enfants, et aux différents besoins de l'Association.

XII. — Nous engageons les parents de no jeunes Associés à les conduire souvent à l'église dès leur première enfance, à les offrir à Marie comme leur protectrice principale, à la prier de les présenter elle-même à Jésus, son Fils, afin qu'il les bénisse, accroisse en eux sa grâce et leur donne la force et le courage d'être des chrétiens véritables.

XIII. — Pour rendre leurs enfants dignes de Jésus et de sa sainte Mère, ces mêmes parents devront avoir soin de leur apprendre à prier Dieu, aussitôt qu'ils commenceront à parler, à réciter leurs prières avec attention, recueillement et ferveur, à honorer Marie comme leur Mère, à faire chaque jour quelque bonne œuvre pour lui plaire, à éviter jusqu'au moindre péché.

Ils devront les former à assister avec piété à tous les offices de l'Eglise, à fuir rigoureusement les mauvaises compagnies, à se confesser plusieurs fois l'année, à fréquenter de bonne heure le catéchisme, et aller souvent prier devant le Saint-Sacrement et l'autel de Marie.

Ils devront, après leur première communion, exercer sur eux une douce mais exacte vigilance, les porter à se confesser et communier souvent, et s'efforcer de maintenir en eux l'amour de la prière.

VU ET APPROUVÉ :

Bourges, le 5 décembre 1890.

† Joseph, Archevêque de Bourges.

CANTIQUE

de l'Archiconfrèrie et du pélérinage

de

NOTRE DAME DES ENFANTS.

Paroles de
J. BERNET.

Musique de
Ar. BERNOIN.

.cends des cieux; O bonne, ô pi _ eu _ sé Ma.
.cends des cieux; O bonne, ô pi _ eu _ se Ma.
.ri _ e _ O _ no _ tre Da _ me des en _ fants
.ri _ e O no _ tre Da _ me des en _ fants
E _ tends sur nous ta main ché _ ri _ e Et gar _ de nos cœurs
E _ tends sur nous ta main ché _ ri _ e Et gar _ de nos cœurs
in _ no _ cents.
1er COUPLET.
Solo.
Daigne

(Voir les paroles, page 271.)

TABLE DES MATIÈRES

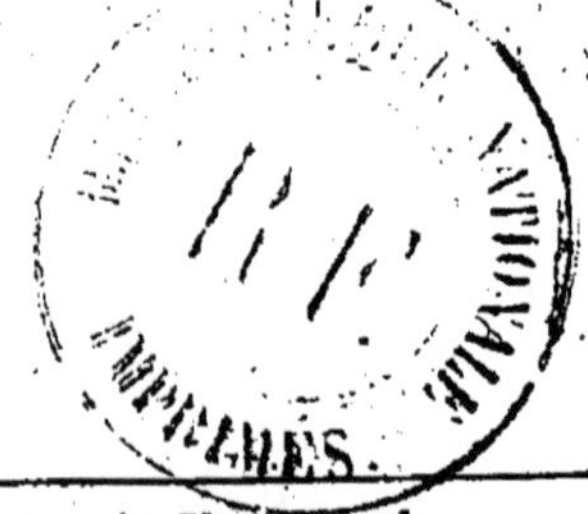

Paris. — Imp. Téqui, 92, rue de Vaugirard.

ANCIENNE MAISON CH. DOUNIOL

P. TÉQUI, LIBRAIRE-ÉDITEUR

PARIS. — 29, RUE DE TOURNON, 29. — PARIS.

DISCOURS MILITAIRES

PAR

S. E. le Cardinal PERRAUD,

ÉVÊQUE D'AUTUN, CHALON ET MACON, MEMBRE DE L'ACADÉMIE FRANÇAISE

1 vol. in-12 de 420 pages. Prix : 3 fr. 50

A l'heure même où l'éminent Evêque d'Autun vient de recevoir de Léon XIII le chapeau cardinalice, la librairie Téqui a, par un sentiment de délicatesse et avec un à-propros qui l'honorent, entrepris de rééditer ses *Discours militaires*. Cette publication sera d'autant mieux accueillie qu'elle apporte un démenti formel à ceux qui méconnaissent encore le patriotisme éclairé et toujours agissant de nos évêques. L'Eglise et la France! voilà bien les deux idées maîtresses, le principe et la fin du volume que nous annonçons.

Les quinze oraisons funèbres, allocutions, sermons, lettres et panégyriques qui le composent, embrassent une période de vingt-cinq ans.

Voici d'abord, en tête de ces œuvres oratoires de haut vol, 'oraison funèbre du général Ladislas Zamoyski. L'original est digne de son portrait. Ame intrépide, élève de Kosciuszko, son courage qu'inspire et rehausse encore la foi chrétienne et où se reflète, comme dans un miroir convergent, toute la valeur de ses ancêtres. envisage fièrement l'indépendance de la malheureuse Pologne asservie et divisée, comme « une cause qui ne sera jamais vaincue, tant qu'il y aura un homme de cœur fidèle à n'en pas désespérer ». Le pieux, le sympathique et inoubliable abbé Perreyve avait, avec sa grande âme, pris la défense de ce peuple opprimé ; des larmes, mêlées de respect, de pitié, de juste indignation avaient fait écho à sa voix vibrante et magnanime Son émule et son ami, disons mieux, son frère dans le sacerdoce, le futur évêque d'Autun trouve dans son cœur, quand il parle des nobles victimes, des héros des insurrections polonaises, des accents d'un pathétique achevé. Apôtre de la justice, il sait que rien ne saurait prescrire contre le droit ; du tribunal des spoliateurs, il en appelle au tribunal de Dieu, convaincu qu'une nation, demeurée fidèle à la foi de son baptême, peut être momentanément foulée aux pieds, mais ne saurait périr. Montalembert, Henri Perreyve, Lacordaire, Adolphe et Charles Perraud sont des noms aussi populaires sur les bords de la Vistule que sur les bords de la Seine ; par eux ont été resserrés les liens déjà si étroits qui unissent les deux peuples.

Après avoir exalté le courage malheureux, de cet autre Bayard, l'orateur a bientôt à déplorer, avec les désastres de l'année terrible, dans l'église d'Autricourt et à Sainte-Gudule de Bruxelles la mort de nos soldats tombés au champ d'honneur et à solliciter de la charité d'une nation amie des secours et des vivres pour les prisonniers et les blessés de l'armée française.

« Poursuivez donc, lui écrivait alors l'évêque d'Orléans, poursuivez votre œuvre de charité, mon cher ami, avec l'infatigable zèle que vous y déployez depuis six mois ! »

Après les soldats, voici le paysan français ruiné par la guerre. Quel tableau émouvant de ses malheurs : invasions, réquisitions, mauvais traitements, incendies, ruine de sa pauvre demeure, de son petit champ, de ses moissons, etc. Comme on sent que celui qui parle a pris part aux événements qu'il raconte, *Quorum pars magna fui*. Il a commencé par pleurer seul, dans son âme et devant Dieu, sur les misères qu'il ne retrace que pour exciter les autres à les soulager et à les guérir. Comment s'étonner alors qu'il soit éloquent ! Mais dans l'orateur paraît toujours le prêtre et le fils de la France éplorée. Loin de s'attarder à ces sombres et désespérantes images, il reprend son vol et ajoute une nouvelle page à l'histoire de la Vocation de la nation française.

On comprend qu'animé d'un si noble patriotisme, doué d'une éloquence discrète et tempérée, onctueuse et forte, faite moins d'artifices oratoires que de sève doctrinale, celui qui devait être le cardinal Perraud ait été appelé à célébrer la plus pure de nos gloires nationales. Deux fois, en 1872 et en 1877, il prononça le panégyrique de Jeanne d'Arc. Dans le premier, sorte de rapprochement trop exact entre l'état de la patrie mutilée après 1870 et la pitié qui régnait au royaume de France avant la mission de l'héroïne de Domrémy, il nous montre, palpable et incontestée, l'intervention de Dieu dans les destinées de notre pays. Mais, après avoir pleuré sur ses ruines encore fumantes, il surmonte les douleurs de son âme abattue mais confiante, et nous crie par la voix de Jeanne : *Travaillez, et Dieu travaillera*. Avec le second, nous avons le message de Jeanne. Ces deux panégyriques se complètent l'un l'autre et sont, à nos yeux, le plus éloquent et touchant commentaire qui ait jamais été fait de ce drame incomparable, unique, où une simple bergère occupe la première place. A travers le cliquetis des armes, on ne voit que l'apparition virginale de Jeanne, on n'entend que la voix de Jeanne. Jeanne est l'âme de ces discours, parce qu'elle est l'âme de la France si chère à l'orateur. Dans le récit de cette épopée merveilleuse, l'ancien professeur d'histoire joint à la minutieuse exactitude des faits toutes les ressources de son érudition classique, religieuse et sacrée.

Citons encore l'Homélie prononcée à la messe militaire du 20 juin 1879, la demande de prières pour les officiers et soldats de nos armées de terre et de mer tués au Tonkin, les séminaristes à la caserne, l'œuvre des prières et des tombes en faveur des soldats et marins morts pendant la guerre, nos morts au Dahomey, etc. : œuvres de circonstance, où l'éloquent Evêque-Académicien se retrouve, comme dans les grands discours, orateur disert, patriote enthousiaste, prêtre selon le cœur de Dieu. Si l'histoire de notre pays venait à disparaître, on la reconstituerait sans peine à l'aide des écrits sortis de sa plume.

De l'éloge funèbre du général Changarnier, nous aurons tout quand nous aurons ajouté qu'il est digne du vaillant héros et du chrétien modèle qui en fait l'objet. En louant le compagnon de gloire des Cavaignac, des Bedeau, des Lamoricière et de tant d'autres, l'évêque d'Autun n'acquittait pas seulement la dette de reconnaissance de la France entière; il louait encore un de ses diocésains, un fils de cette ville « qui s'honore toujours d'être appelée la cité du Christ. »

Ædua, Christi civitas

Enfin pour clore le volume et comme digne couronnement des matières qu'il renferme, voici le panégyrique du maréchal de Mac-Mahon, cette autre illustration du diocèse d'Autun. Tout le discours est renfermé dans le texte de la Sagesse : « Le Seigneur a conduit ce juste par les voies droites, et il a comblé d'honneur ses travaux. » En Afrique, en Crimée, en Italie, dans la campagne de France, partout il combat avec une bravoure qui tient du prodige. Il faut lire les pages émues, où l'orateur nous retrace les exploits, le sang-froid du général sous les ordres duquel il avait servi lui-même en qualité d'aumônier. S'il apprécie son rôle politique, il le fait avec une aisance et une impartialité qui est, par avance, le langage de la postérité.

Sans doute le talent du cardinal-évêque d'Autun ne compte en France et à l'étranger que des admirateurs sincères; mais en remettant sous nos yeux ses *Discours militaires,* l'éditeur s'est proposé moins d'ajouter à sa renommée, que de la justifier une fois de plus devant ses contemporains. C'est encore servir l'Eglise et la France que de travailler à faire mieux connaître ses prêtres et ses évêques. Il y aura toujours pour le lecteur plaisir et profit à vivre un moment par la pensée en compagnie et à l'école du savant et pieux cardinal-évêque d'Autun.

LE MONNIER,
Chanoine honoraire.